Laurent Gautier (éd.)
Les discours de la bourse et de la finance

Forum für Fachsprachen-Forschung
Hartwig Kalverkämper (Hg.)

Band 94

Laurent Gautier (éd.)

Les discours de la bourse et de la finance

Verlag für wissenschaftliche Literatur

Publié avec le soutien financier du Centre Interlangues Texte Image
Langage (EA4182) de l'Université de Bourgogne

ISBN 978-3-86596-302-4
ISSN 0939-8945

© Frank & Timme GmbH Verlag für wissenschaftliche Literatur
Berlin 2012. Alle Rechte vorbehalten.

Das Werk einschließlich aller Teile ist urheberrechtlich geschützt.
Jede Verwertung außerhalb der engen Grenzen des Urheberrechts-
gesetzes ist ohne Zustimmung des Verlags unzulässig und strafbar.
Das gilt insbesondere für Vervielfältigungen, Übersetzungen,
Mikroverfilmungen und die Einspeicherung und Verarbeitung in
elektronischen Systemen.

Herstellung durch das atelier eilenberger, Taucha bei Leipzig.
Printed in Germany.
Gedruckt auf säurefreiem, alterungsbeständigem Papier.

www.frank-timme.de

Sommaire

LAURENT GAUTIER
Introduction   7

Finances et idéologie

FAYZA EL QASEM
La Finance islamique :
marqueur d'identité *versus* marqueur idéologique ?   15

Discours de crise

MICHEL VAN DER YEUGHT
Diversité et unité des discours sur les crises boursières
en Grande-Bretagne et aux États-Unis de 1700 à nos jours   29

PASCALE JANOT
Histoire d'une crise, histoire d'un terme :
de quelques stratégies discursives autour du terme *subprime*
dans la presse généraliste française et italienne   47

Stratégies discursives

JOHANNA MIECZNIKOWSKI, ANDREA ROCCI & GERGANA ZLATKOVA
L'argumentation dans la presse économique et financière italienne   65

RUDI PALMIERI & CAMILLA PALMIERI
Text types, activity types and the genre system
of financial communication   85

SILVIA MODENA
Le discours de Jean-Claude Trichet et le passage à l'euro :
entre expertise et vulgarisation   107

Micro-analyses

FIDA BARAKÉ
Les néologismes dans le discours journalistique :
reflets et images des bouleversements économiques   125

PHILIPPE VERRONNEAU
Gibt es in den Börsen- und Finanznachrichten einen spezifischen
Gebrauch von Nominalkomposita?   143

PIERRE LEJEUNE
Le mot *marché(s)* dans les comptes rendus boursiers :
entre métonymie et personnalisation   159

Notices bio-bibliographiques   179

Laurent Gautier

Introduction

Si le rôle constitutif de la langue dans la construction du droit a été reconnu depuis longtemps et a déjà fait l'objet de nombreuses recherches associant linguistes et juristes[1], la question de l'empreinte de la langue sur le domaine de l'économie et, plus singulièrement, sur celui de la bourse et des finances n'a pas encore bénéficié de la même attention de la part des chercheurs[2]. A côté d'un grand nombre de travaux portant sur la communication des entreprises[3] et abordant souvent des données financières (à destination des actionnaires ou des investisseurs par exemple), la question du rôle de la langue et des discours dans la construction des savoirs proprement boursiers et financiers a rarement été posée – par delà les travaux d'orientation terminologique à l'instar du remarquable et déjà ancien glossaire de Cohen (1986) qui a renouvelé, à partir des domaines de la bourse et de la conjoncture économique, la saisie terminographique des phénomènes de cooccurrence lexicale – mais aussi conceptuelle. Les développements récents de la linguistique des médias (Moirand 2007, Burger 2008) ont néanmoins amené une première inflexion à cet état de fait en fournissant les appareils conceptuels et méthodologiques nécessaires à une analyse véritablement linguistique des discours médiatiques, y compris spécialisés, dont on trouvera des exemples de mise en œuvre concrète dans les pages qui suivent[4].

Or, comme le démontrent Palmieri / Palmieri dans leur contribution à ce volume, "le discours de la finance dépasse à la fois la communication d'entreprise et

---

[1] Pour l'allemand, on pourra se reporter à l'ouvrage pionnier de Fortshoff (1940) et à la monographie de référence de Busse (1992) ; pour le français, Gréciano / Humbley (2011) proposent une vue d'ensemble des problématiques de recherche actuelles sur cette question.
[2] Les études réunies dans Behr *et al.* (2007) ainsi que dans Behr *et al.* (2011), issues de deux colloques organisés à l'Université Sorbonne Nouvelle – Paris III, font heureusement figure d'exception en la matière, et ce d'autant plus qu'elles sont le fait de linguistes *et* d'économistes.
[3] Ces problématiques sont au centre du réseau de recherche *EUCO – European Cultures in Business and Corporate Communication*, *cf.* http://www.wirtschaftskommunikation.net/en/.
[4] *Cf.* les contributions de Pascale Janot, Andrea Rocci *et al.* et Pierre Lejeune.

le journalisme économique. [Il] devrait être envisagé comme un ensemble complexe de textes accompagnant, et parfois coïncidant avec les actions réalisées sur les marchés financiers". Il ne semble donc pas illégitime d'envisager le rôle de la langue et des discours dans ce domaine sur le mode de la performativité en ouvrant l'analyse sur des types de textes / genres de discours jusque là plus rarement convoqués (textes académiques, ouvrages de vulgarisation, publications des banques centrales, des agences de notation ou d'analyse financière, discours publics de responsables du secteur mais aussi "littérature boursière" au sens que Michel van der Yeught donne à cette notion dans sa contribution) et en articulant des problématiques touchant à des phénomènes micro-linguistiques sur les conditions de production macro-linguistiques de ces discours.

Face à ce champ d'investigation en partie nouveau, deux équipes de chercheurs français[5] et suisses[6] ont mis en place un programme de recherche pilote visant à interroger les liens entre discours et construction des savoirs économiques et financiers dont le présent ouvrage constitue la première réalisation commune à visée programmatique. Il présente, regroupés en quatre parties, neuf articles[7] dont une partie emprunte des chemins balisés dans le domaine de l'analyse du discours médiatique tandis qu'une autre explore les terres en friche évoquées ci-dessus.

Ce collectif s'ouvre sur un article de FAYZA EL QASEM interrogeant à travers le prisme de la Finance islamique les relations entre DISCOURS FINANCIER ET IDEOLOGIE. Travaillant à partir d'un corpus français-arabe non exclusivement médiatique, l'auteur montre comment les économistes, mais aussi les hommes politiques français, s'approprient, à travers des mots nouveaux, les principaux concepts de cette approche de la finance qui commence à pénétrer les marchés

---

[5] Il s'agit pour la France d'une équipe dijonnaise intégrant des linguistes du Centre Interlangues Texte Image Langage (EA 4182) et du Centre Pluridisciplinaire Textes et Cultures (EA 4178) ainsi que des économistes du Laboratoire d'Economie et de Gestion (UMR 5118 CNRS uB).

[6] Pour la Suisse, la recherche est menée à l'Université de la Suisse Italienne à Lugano par une équipe de linguistes et sémioticiens réunis au sein de la Faculté des Sciences de la Communication.

[7] Les articles de Rudi Palmieri / Camilla Palmieri, Andrea Rocci *et al.* et Philippe Verronneau s'inscrivent directement dans le cadre du projet Dijon-Lugano.

occidentaux. Dépassant la problématique exclusivement terminologique des correspondances entre les deux langues, elle démontre, à travers une analyse des processus mis en œuvre, comment le discours sur la Finance islamique est traversé de présupposés éminemment idéologiques.

Sous le titre générique de DISCOURS DE CRISE, la deuxième partie de l'ouvrage regroupe deux contributions interrogeant le rôle des productions discursives dans la construction de l'événement 'crise économique' et dans les réactions à celui-ci. Dépassant l'actualité de la crise actuelle pour une approche diachronique, l'article de MICHEL VAN DER YEUGHT, qui s'inscrit dans la tradition de recherche française des "Langues et Cultures de spécialité", illustre de façon magistrale le nécessaire dépassement, pour ce type de question, des approches en termes de genres qui restreignent souvent l'approche aux discours professionnels pour déplacer la focale sur ce qu'il propose de dénommer "littérature boursière" et dont l'interprétation repose sur des processus complexes convoquant davantage que les seuls savoirs spécialisés. Répondant en quelque sorte à cette fresque historique, la contribution de PASCALE JANOT restreint son champ d'investigation à la crise économique la plus récente et au discours médiatique. A partir d'un corpus constitué d'articles de presse en français et en italien, elle retrace le chemin suivi par le terme emblématique de *subprime(s)* en examinant spécifiquement la façon dont celui a été expliqué, commenté, paraphrasé dans les quotidiens interrogés. Elle dégage ainsi plusieurs modes de vulgarisation permettant d'approcher, derrière les pérégrinations y compris typographiques du signifiant, la façon dont a pu se construire le savoir des lecteurs sur l'élément déclencheur de la crise.

La troisième partie, intitulée STRATEGIES DISCURSIVES, regroupe trois articles qui, s'ils n'en oublient pas le matériau langagier premier des discours analysés, abordent la thématique de ce volume au niveau plus global des discours et de leurs contextes. Le premier article, signé par ANDREA ROCCI, JOHANNA MIECZNIKOWSKI & GERGANA ZLATKOVA, applique le modèle argumentatif développé par l'équipe de chercheurs de Lugano dont il a été question précédemment à un corpus de textes économiques et financiers issus de la presse spécialisée italienne. La démonstration vise à montrer d'une part le rôle sinon exclusif, à tout le moins fondamental, des stratégies argumentatives dans ce type de textes et d'expliquer par là la part qui y revient aux actes de prévision. Par delà une caractérisation très précise de ces textes au sein de la nébuleuse des productions discursives de la bourse et de la finance, les auteurs mettent au jour les différents modes d'explication/justification des prévisions au cœur de ces articles. Dans une veine semblable et à partir du même modèle global, RUDI PALMIERI & CAMILLA PALMIERI proposent dans leur article un mise en perspective globale des productions discursives du champ de spécialité au cœur de cet ouvrage : rejoignant en quelque sorte la question de la performativité évoquée ci-dessus, ils démontrent, en particulier à travers une étude de cas sur la communication autour de la prise de contrôle d'une entreprise par une autre, dans quelle mesure les actions constitutives du domaine reposent sur des jeux et des rapports de force communicationnels et tout spécialement argumentatifs. Cette partie se clôt sur la contribution de SILVIA MODENA qui quitte le domaine purement financier pour aborder une question de politique monétaire, celle du passage à l'Euro telle qu'elle transparaît dans les discours de Jean-Claude Trichet. A partir d'un corpus de discours soigneusement choisis, elle met en évidence, pour celui qui était alors gouverneur de la Banque de France et membre du Conseil des gouverneurs de la Banque Centrale Européenne, deux stratégies discursives différentes oscillant, selon les auditoires et les visées argumentatives, entre discours d'expert et discours de vulgarisation. Elle retient en particulier le rôle joué, dans la construction de son argumentation, par les champs métaphoriques du sport et de l'architecture.

La dernière partie de l'ouvrage s'arrête, dans un effet de balancier, sur des MICRO-ANALYSES. L'article de FIDA BARAKE interroge ainsi le rôle des néologismes dans le discours journalistique économique, en particulier le discours de crise. Partant du postulat classique dans les études sur le sujet, selon lequel la néologie est un bon observatoire des changements/bouleversements enregistrés par une communauté linguistique donnée, elle montre à partir d'exemples choisis la part revenant aux anglicismes, mais aussi aux arabismes liés au développement de la Finance islamique, dans le discours journalistique. Dans une contribution en allemand, PHILIPPE VERRONNEAU s'attaque lui aussi au niveau du mot graphique en examinant l'épineuse question des mots composés dans la presse spécialisée germanophone. Cette problématique – qui rejoint en quelque sorte celle de la définition des discours spécialisés eux-mêmes et de leur reconnaissance par rapport aux productions non spécialisées – s'avère fondamentale pour une langue comme l'allemand particulièrement avide de composition nominale. A partir d'un corpus resserré, il examine les différents types de composition relevés aux niveaux graphique, morpho-syntaxique et textuel en mettant au jour le rôle des savoirs non proprement grammaticaux ou linguistiques devant être convoqués par le lecteur pour construire le sens des unités concernées. Le dernier chapitre de l'ouvrage, dû à la plume de PIERRE LEJEUNE, cherche à démont(r)er la productivité discursive du terme *marché(s)* dans le discours médiatique économique et financier. Après un inventaire des types de référents potentiels, l'auteur s'interroge sur l'interprétation de ce dernier, oscillant entre métonymie et personnalisation pour finir par poser la question des répercussions de cette diversité d'emplois sur les modes de conceptualisation de la notion elle-même.

Cette introduction ne peut s'achever sans que soient remerciés celles et ceux qui ont rendu possible la préparation et la publication de ce volume : Madame le Professeur Sylvie Crinquand, directrice du Centre Interlangues Texte Image Langage (EA 4182) de l'Université de Bourgogne, pour la participation financière du laboratoire ; Monsieur le Professeur Hartwig Kalverkämper qui a accueilli avec bienveillance notre projet dans sa collection *Forum für Fachsprachenforschung* ; nos collègues Alex Frame et Didier Haberkorn qui ont relu les textes rédigés en anglais et en allemand ; Mesdames Karin Timme et Astrid Matthes pour leur accompagnement éditorial de tous les instants lors de la préparation du manuscrit.

Références citées

Behr, Irmtraud / Hentschel, Dieter / Kauffmann, Michel / Kern, Anja [Eds] (2007) : *Langue, économie, entreprise : le travail des mots*. Paris : PSN. [= Langue, discours et société. 5-6].

Behr, Irmtraud / Hentschel, Dieter / Farges, Patrick / Kauffmann, Michel / Lang, Carsten [Eds] (2011) : *Langue, économie, entreprise : gérer les échanges*. Paris : PSN. [= Langue, discours et société. 7].

Burger, Marcel [Ed.] (2008) : *L'analyse linguistique des discours médiatiques*. Québec : Nota bene. [= Langue et pratiques discursives].

Busse, Dietrich (1992) : *Recht als Text: linguistische Untersuchungen zur Arbeit mit Sprache in einer gesellschaftlichen Institution*. Tübingen : Niemeyer. [= Reihe Germanistische Linguistik. 131].

Cohen, Betty (1986) : *Lexique de co-occurents : bourse, conjoncture économique*. Montréal : Linguatech.

Forsthoff, Ernst (1940) : *Recht und Sprache. Prolegomena zu einer richterlichen Hermeneutik*. Darmstadt : Wissenschaftliche Buchgesellschaft.

Gréciano, Philippe / Humbley, John [Eds] (2011) : *Langue et droit : terminologie et traduction*. Paris : Publications Linguistiques. [= Revue française de linguistique appliquée. 2011/1].

Moirand, Sophie (2007) : *Les discours de la presse quotidienne : observer, analyser, comprendre*. Paris : PUF. [= Linguistique nouvelle].

Finances et idéologie

Fayza El Qasem

La Finance islamique : marqueur d'identité *versus* marqueur idéologique ?

1. Introduction

Sophie Moirand (2007) avance le terme de "mot-événement" renvoyant à des faits de la réalité ou médiatiques. A cette notion vient s'ajouter une seconde, celle de "moment discursif" correspondant à une production discursive intense et diversifiée à propos d'un même fait. Il semble que le syntagme de *Finance islamique* (désormais F.I.) réponde parfaitement à ces deux notions lorsque l'on examine la presse française dans son ensemble.

Notre approche basée sur corpus requiert le développement d'une méthodologie cohérente pour l'identification des caractéristiques propres à la langue de la F.I. Cette méthodologie servira à comprendre les contraintes, les pressions et les motivations qui influencent spécifiquement le discours sur la F.I. En d'autres termes, la nature de l'application visée conditionne le type et le contenu du corpus à élaborer. Les textes sur lesquels nous nous sommes basés sont des textes authentiques, destinés à un lectorat ciblé dont le profil a conditionné l'écriture et la stratégie textuelle de l'auteur. Le sens de ces textes se situe au niveau du discours et il est la résultante du linguistique, de l'extra-linguistique et du savoir partagé anticipé par l'auteur ainsi que du savoir non partagé du lecteur face à un nouveau texte. Par ailleurs, l'usage du document authentique permet une ouverture sur des réalités et des connaissances nouvelles comme l'ouverture sur l'Autre avec tout ce que cela implique en tant que nécessaire clivage des cultures et de la créativité lexicale dans la langue cible.

Le corpus sélectionné (introductions de manuels sur la F.I., articles de presse, rapports économiques) comprend des textes originaux écrits directement dans plusieurs langues et sélectionnés selon des critères analogues, tels que le domaine, le thème et le type de textes entre autres. Il donne à voir les stratégies que semblent privilégier les auteurs en présentant la F.I. mais également leurs prédilections stylistiques ou les contraintes imposées par la situation discursive, comme par exemple le traitement d'une information spécifiquement culturelle. Notre réflexion portera sur des interrogations spécifiques telles que : Faut-il traduire ces informations ? Faut-il fournir des explications aux récepteurs cibles ? Peut-on omettre des références trop locales ? Doivent-elles être remplacées par une information équivalente en langue cible ? Sans compter que la notion même de corpus met également l'accent sur les écarts et pas seulement sur ce qui est régulier, typique, fréquent. Selon Mona Baker (1995 : 236), l'approche basée sur corpus devrait viser

> to establish objectively how translators overcome difficulties of translation in practice and focus this evidence to provide realistic models for trainee translators.

Pour notre part, nous tenterons de montrer en quoi la diversité des registres du discours économique est liée aux situations de communication : discours économique de la presse, discours des économistes, des politiques, des établissements de crédit. Examinons donc sur ces bases certains cas extraits de notre corpus.

2. Le niveau lexical

Il s'agit de voir dans quelle mesure les concepts en économie sont tributaires des langues dans lesquelles ils se formulent et se traduisent. L'exemple de la F.I. est très éloquent à cet égard dans la mesure où les concepts y sont élaborés en fonction des spécificités culturelles des pays arabes. Nous montrerons ainsi comment ils ont été adaptés, l'importance de la dimension interculturelle y étant d'autant plus déterminante que les cultures en présence sont plus éloignées. Par ailleurs, dans le cas qui nous préoccupe, à savoir le discours économique et financier, le langage est ouvert au néologisme, au calque, à l'emprunt dans le sens arabe / français.

L'exactitude dénotative des termes qui jalonnent le texte économique ne saurait cependant nous faire oublier la composante relationnelle du texte qui s'adresse à un récepteur dont il faut tenir compte, comme le fait très justement remarquer Christian Balliu (2005). En tant que praticienne de la traduction (El Qasem sous presse), je privilégie les contextes phrastiques des termes désignant des concepts techniques. Le traducteur étant tenu d'assigner le maximum de clarté et de précision à l'information qu'il traduit, il est de son intérêt, lorsqu'il a affaire à un texte spécialisé, de bien connaître l'usage approprié des termes. L'approche possible des données terminologiques considérées en discours, c'est-à-dire une approche essentiellement sémasiologique des unités lexicales, prend comme point de départ le texte dans lequel termes et phraséologies sont actualisés en tant que dénominations de concepts. Cette approche met l'accent sur la formulation du discours de spécialité. Dans les textes français sur la F.I., parler avec des mots nouveaux, c'est aussi questionner des analogies. C'est sous la plume d'économistes, de financiers, que les termes de la F.I. ont été empruntés parce qu'ils ne recoupaient pas complètement les concepts de la finance traditionnelle. Pour cela[1], examinons tout d'abord le niveau discursif du corpus arabe formé essentiellement de livres destinés à un lecteur au fait de l'actualité économique sans pour autant être un spécialiste de la F.I.

Les livres en question suivent à peu près la même organisation structurelle et thématique : ils répondent à un genre discursif entendu comme ensemble de régularités textuelles repérables, plus ou moins spécifiques. Ainsi, ils sont en général préfacés par des autorités religieuses qui donnent non seulement leur caution au contenu mais mettent aussi en relief ce qui fait la supériorité de la culture islamique par rapport à la culture occidentale, à savoir

> qu'elle ne peut intégrer l'utopie occidentale d'un système de marché autonome [...] qui suppose que l'homme n'agisse qu'en fonction de son intérêt individuel et de la possession de biens économiques. Tout à l'opposé, l'économie s'insère en Islam dans une rationalité qui n'est ni individuelle ni possessive, mais essentiellement réglée par le besoin de sauvegarder l'intégration du groupe social. (Iter 2006 : 30, traduit par nous, F.E.Q.)

En effet, les économistes, professeurs d'économie, journalistes, auteurs de ces textes, participent tous à la diffusion des connaissances, voire à leur vulgarisation. En partant de textes et non d'unités baptisées "concepts", nous abordons,

---

[1] نور الدين عتر، معالم الاقتصاد الإسلامي، دراسة تأصيلية لموضوعات الاقتصاد الإسلامي ومبادئه وخصائصه، اليمامة للطباعة والنشر، بيروت، دمشق 2006

outre l'étude du langage, les idéologies qui sous tendent le discours et représentent l'une des facettes de l'identité sociale et de l'image de soi des membres d'un groupe. Ces pratiques idéologiques sont polarisées sur la base d'une différentiation entre ce qui fait partie du groupe et ce qui en est exclu, c'est-à-dire typiquement entre "Nous" et "Eux".

Schématiquement, les livres commencent par dresser ce qui relève de "l'orthodoxie" en matière de F.I. Une sorte de justification théorique qui réside dans l'adhésion à des principes, ceux de la Charia, loi islamique, dans le rejet de modèles (le capitalisme, le socialisme). Ce qui définit le mieux l'économie islamique et la distingue de l'économie conventionnelle, selon ces auteurs, est qu'elle repose sur une éthique et des valeurs morales basées sur la religion. Le glissement est quasi systématique de "Finance islamique" à "équité", "réalisme", "équilibre des prestations". Les activités économiques sont jugées à l'aune de qualités morales puisque l'économie islamique a, selon les auteurs, des attributs divins, le droit islamique lui-même ayant une nature divine. Les sources du droit musulman sont convoquées à savoir le Coran, et la Sunna (paroles et actes du prophète dans telle ou telle circonstance) donnant un éclairage quant à l'application des règles du Coran, l'*ijmaa* ou consensus de l'ensemble des fidèles musulmans sur un point donné, non résolu par les autres sources, pour évoquer les principes économiques ayant un caractère licite :

1. Seule la richesse appartient à Dieu, les biens des hommes n'étant que provisoires
2. Respecter la propriété privée
3. Réglementer le libéralisme économique
4. Rationaliser les dépenses
5. Contribuer au développement économique
6. Œuvrer à la justice sociale
7. Protéger l'environnement
8. Investir l'argent et combattre la thésaurisation

Cette entrée en matière sert en réalité à justifier le fait que l'islam n'est pas incompatible avec l'entreprise privée ; l'intérêt individuel, qui constitue l'un des facteurs essentiels de l'économie, n'est pas condamné par l'islam, bien au contraire :

Les richesses et les enfants sont la parure de la vie de ce monde. Mais les bonnes actions impérissables recevront une récompense meilleure auprès de ton Seigneur et elles suscitent un meilleur espoir. (Sourate La Caverne, verset 46)

"Richesses" dans ce contexte signifie ce qui circule entre les personnes pour répondre aux besoins de la vie comme la monnaie entre autres.

Mais la poursuite de l'intérêt personnel doit aller de pair avec les contraintes de l'intérêt social. D'où la terminologie d'interface que l'on y trouve : les termes observés sont marqués par leur domaine d'origine (économie) et ne fonctionnent dans le domaine de rattachement (religion) que par analogie. L'emballage linguistique et stylistique du contenu est un paramètre dont il faut tenir compte. La lecture de ces textes est, du reste, complexe même pour un lecteur arabophone car il trouve, côte à côte, phraséologie religieuse et phraséologie économique. Rien d'étonnant alors que des adjectifs normatifs comme "bon" ou "mauvais" soient légion, ainsi que des collocations comme "faire le bien" ou "commettre le mal". Les mesures éthiques riment avec loyauté, sincérité, vérité, bon traitement, seules capables d'établir la confiance entre les opérateurs économiques :

الصدق، الأمانة، حسن المعاملة والإخلاص في العمل صفات خلقية حميدة.[2]

A l'inverse, ce qui serait à blâmer, c'est la tricherie, le mensonge, la concurrence déloyale. La banque islamique aurait donc une mission, celle d'apporter une aide aux plus démunis et de construire la cohésion sociale. Au fur et à mesure du déroulement des textes, les auteurs expliquent les différents produits financiers islamiques en convoquant des sourates du Coran pour légitimer, par exemple, la vente à crédit, la vente au rabais, la vente avec une marge de bénéfice fixe, la propriété privée, le libéralisme économique, l'esprit d'entreprise.

Voyons à présent comment les auteurs du corpus français parlent de Finance islamique. Les propos des journalistes et de certains hommes politiques sont plutôt négatifs et parfois assimilables à de l'islamophobie savante (*Le Monde*, *Le Figaro*, *Libération*), à l'inverse des économistes et des financiers qui sont souvent très enthousiastes et le laissent transparaître dans les termes et

---

[2] أميرة عبد اللطيف مشهور، الاستثمار في الإقتصاد الاسلامي، مكتبة مدبولي، القاهرة، 1991

métaphores qu'ils ont forgés. Comment expliquer, dans ce contexte, la polémique et la méfiance que soulève ce syntagme ? Les journalistes et certains hommes politiques tiennent un discours idéologique et se demandent si la F.I. est compatible avec le principe de laïcité. L'ambivalence s'installe dès la première occurrence du terme. On glisse dans certains textes d'islamique à islamiste.

Loretta Napoleoni (2005) n'hésite pas à intituler le chapitre sept de son livre "l'économie islamiste" alors qu'il est question dans le corps du texte d'économie "islamique" (Napoleoni 2005 : 132). Ailleurs, cet amalgame volontaire entre *islamiste* et *islamique* la conduit à en commettre un autre quand elle assimile finance islamique à intégrisme religieux et financement du terrorisme :

> [...] des institutions musulmanes procuraient au commerce informel et au marché noir les véhicules et les moyens monétaires dont ils avaient besoin. (Napoleoni 2005 : 159)

Pour le député PS Henri Emmanueli, cet accommodement heurte profondément

> la devise républicaine et la loi de 1905 de séparation de l'Eglise et de l'Etat ; en effet, il ne faut introduire ni les principes de la Charia, ni l'éthique du Coran, ni même le droit canon, la Torah ou le Talmud, qu'il soit de Babylone ou de Jérusalem. (Assemblée Nationale, examen du projet de loi sur les PME, 17 septembre 2009)

> Intransigeante sur le port du voile, la France serait accueillante dès lors qu'il s'agit d'argent ? Devrions-nous accepter peu à peu la remise en cause de notre droit, de nos valeurs démocratiques et républicaines ?

s'interroge pour sa part le député communiste André Guérini (La Finance islamique, comment ça marche ? www.lexpansion.com, 18 septembre 2009)

Parler de F.I., c'est parler de techniques financières et juridiques permettant le financement de biens ou services, conformément aux exigences de la Charia, loi islamique dont les principes interviennent dans la définition de produits d'investissement et de financement et cela, quelque soit le droit applicable à la documentation contractuelle liée à ce financement. Elle fonctionne notamment dans le respect de trois grands principes de la Charia : tout d'abord, elle intègre la proscription des intérêts (*riba*) apparentés à de l'usure ; ensuite, elle nécessite le partage des risques et des profits entre prêteur et emprunteur ; enfin, elle prévoit que toute transaction financière doit être adossée à un actif réel, ce qui exclut en théorie les produits dérivés.

L'euphémisme est de mise chez les économistes :

> (1) La Finance islamique a, *in fine*, la même finalité que la Finance conventionnelle (Jouini / Pastré 2009 : 122)

ou encore

> (2) Il y a des déterminants culturels dont il faut tenir compte pour corriger notre système bancaire. (Rapport du Sénat français 2008)

Les procédés discursifs à l'œuvre sont une technicisation du discours, l'utilisation d'un lexique technique et positivement connoté par lesquels ils parviennent à présenter comme neutre et dépolitisée l'introduction de la F.I. sur les marchés. Ils favorisent une présentation factuelle fondée sur la déclinaison d'actions renvoyant au monde de la finance (capitaux, fonds souverains, bénéfices, partage des risques).

Les problèmes que l'on rencontre pour mettre en place des critères de terminologisation stable sont la polysémie, la synonymie et, lorsqu'il s'agit de traduction, les différentes interprétations d'une même notion d'un code culturel à l'autre (la notion d'assurance en français, de *takaful* en arabe, d'*insurance* en anglais). C'est pourquoi la constitution de champs notionnels délimités à un domaine de connaissance est pertinente. L'emprunt terminologique résulte de l'impossibilité de traduire le terme sans s'écarter du sens conceptuel auquel il réfère (*common law, sharia*).

Contrairement aux termes de la finance conventionnelle, dont la complexité des phénomènes à dénommer est telle qu'elle réclame une appellation polylexicale, en Finance islamique, les principaux produits sont des termes monolexicaux. Ce que l'on remarque sur le plan terminologique en français ou en anglais, c'est que l'emprunt est la règle pour dénommer tous les produits islamiques. Nous pouvons ainsi donner l'exemple de *sukuk* (obligations islamiques) repris tel quel dans la langue, la *mourabaha* ou *cost plus* (emprunt précédé de l'article *la*) proche des instruments de dette classique, *takaful*, mutuelle d'assurance, *retakaful* construit sur le modèle de réassurance, la *moudaraba* ou *moudharaba* (dont l'orthographe est hésitante selon les textes) ou rendements partagés, *moudarib* (entrepreneur), *rab al mal* (commanditaire), contrat de *musharaka* ou participation, contrat d'*ijara* ou *leasing*.

Les calques de l'anglais ne manquent pas : "fenêtres islamiques" pour *islamic windows* que l'on retrouve également sous forme de calques dans certains textes arabes : "نوافذ اسلامية", des anglicismes tels que le *shariah board, shariah scholars*, produits *shariah compliant*. Un hapax : les produits chariatiques dont l'objectif est sans aucun doute la fertilisation en langue. Preuve s'il en est qu'au niveau morphologique, les langues spécialisées utilisent des termes composites, incluant du lexique général et du lexique spécifique. Les économistes n'hésitent pas enfin à s'adresser aux lecteurs en misant sur leur compétence interculturelle et emploient des synonymes tels que "produits halal" pour signifier "conformes à la Charia" ou *Sharia compliant* et l'antonyme "les produits *haram*" ou impies.

La tendance générale est à l'explicitation des notions culturelles et économiques. Cette explicitation est à la fois syntaxique et lexicale. Le rédacteur procède par dilatation du passage. Voici comment le terme clef de *Riba* est présenté :

> (3) Ce terme vient du verbe *raba* qui signifie augmenter. Il désigne une augmentation de valeur et correspond à deux notions distinctes dans la terminologie de la finance occidentale : l'usure et le taux d'intérêt. Le Coran interdit explicitement, à plusieurs reprises, la pratique de la *riba*. (Jouini / Pastré 2009 : 18)

Puis les auteurs citent à l'appui la sourate 2 du Coran, versets 275-279 :

> Ô les croyants, craignez Allah ; renoncez au reliquat de l'intérêt usuraire si vous êtes croyants.

Parfois, cette explicitation va jusqu'à l'ajout de détails :

> (4) Riba [...] is really the AIDS of contemporary economic activity, as it deprives economic life of its immunity and robs it of its ability to fight economic disease. (Moore 1997 : 8)

L'objectif est alors de renseigner le lecteur sur les enjeux réels de la finance islamique. De ce fait, le texte acquiert une fonction métatextuelle en vue de fournir le support d'un nouvel acte de communication qui a pour cadre la situation d'arrivée.

Enfin, pour expliquer la gestion de l'incertitude, les économistes commencent par dire que la Charia encourage la prise de risque mais qu'elle interdit l'incertitude dans les termes d'une relation contractuelle. La spéculation est ainsi condamnée, puis ils expliquent la notion de *gharar* (incertitude, tromperie, ignorance) en ces termes :

> (5) La notion de *gharar* se rapporte à tout échange dans lequel il y a un élément de déception, soit à cause de l'ignorance sur les biens ou les prix, soit à cause d'une fausse description des biens. Cela comprend donc les échanges de marchandises que le vendeur n'est pas en position de livrer mais aussi les contrats qui dépendent d'un événement imprévisible. [...] La transaction est en conflit avec les principes de la Charia si les termes de l'échange sont conditionnels à un événement futur incertain. (Jouini / Pastré 2009 : 20-21)

3. L'euphémisme

Il relève d'une stratégie d'expression. Sa fonction étant de camoufler les connotations négatives, de nombreux procédés sont utilisés pour dissimuler un mot tabou derrière une désignation atténuée. L'euphémisme se réalise sur deux plans : lexical et syntaxique.

Sur le plan lexical, l'usage des métaphores conceptuelles et métonymies parcourant le thème de la F.I. sous-tendent en grande partie la terminologie et la phraséologie. Parler de "conversion islamique", d'"islamisation" de filiales de banques, revient à structurer la façon dont la F.I. est conceptualisée chez les experts : elle est perçue comme une alternative à un système défaillant.

La terminologie de la F.I. étant une terminologie d'interface, les métaphores que nous avons trouvées peuvent se révéler étranges, ou au contraire, créatives ; la plupart puisent dans le vocabulaire religieux et juridique. Des verbes comme *convertir, proscrire, interdire*, des adjectifs comme *alternatif, éthique, conventionnel, islamisée* sont co-occurrents avec *banques*, lesquelles sont traitées comme des entités vivantes : *banques islamisées / partiellement islamisées*.

Ainsi, l'emballage linguistique et stylistique du contenu est un paramètre dont il faut tenir compte :

> (6a) les modalités diverses d'islamisation des banques du Golfe
> (6b) Culturellement, les fusions sont difficiles, donc rares. La spécialisation est souvent une alternative attractive : opérationnelle et / ou identitaire via la conversion islamique.
> (6c) se différencier islamiquement, la spécialisation religieuse
> (6d) Une nouvelle famille d'indices islamiques lancée sous la marque Standard & Poor's : fondée sur des indices préexistants, eux-mêmes "screenés" (anglicisme) pour les rendre conformes aux principes chariatiques.
> (6e) les fonds éthiques, les fonds solidaires, le marché des *sukuks* souverains
> (6f) "Purifier la part impure des dividendes" : cette métaphore désigne le taux d'endettement des sociétés situé au-dessus de 33%. Le montant des dividendes liés à cette partie du taux d'endettement situé au-dessus de 33 % sera considéré comme étant impur et devra donc être reversé à des organismes reconnus d'utilité publique (l'Institut du monde arabe en France), dans la limite de 10%. (Rapport du Sénat)

La remarque que l'on peut faire, c'est que les définitions fournies, les graphiques et schémas explicatifs traduisent l'effort des rédacteurs pour transposer ces termes venus d'une aire culturelle arabe à destination de lecteurs peu familiers des références culturelles sources. Ils procèdent en général, comme mentionné plus haut, par dilatation de passages qui seraient condensés en arabe. La reformulation est utilisée ici comme un type d'explicitation.

Par ailleurs, l'univers hétérogène de la F.I. est lié à la nature de l'islam où la jurisprudence joue un rôle essentiel et qui regroupe des courants de pensée très divers. Ainsi, même si les grands principes éthiques sont universellement partagés par tous les acteurs de la FI, les divers courants de l'islam proposent des interprétations différentes plus ou moins souples de leur mise en pratique. D'où des métonymies du genre :

> (7) Le Qatar se montre opportuniste, On oppose l'Extrême Orient chaféite, libéral au Golfe hanbalite.

Sur le plan syntaxique, l'emploi de tournures impersonnelles et passives permet d'occulter l'agent humain. La mise en relief porte sur l'agent implicite :

(8a) Se différencier islamiquement suppose au préalable une orientation retail de sa stratégie optionnelle.
(8b) Une partie de l'activité des réassureurs mondiaux a été reconnue halal.

4. Conclusion

Les économistes et autres experts ont bien compris l'intérêt de ne pas rester à l'écart du mouvement. Le surplus d'épargne des pays islamiques s'exporte vers les marchés industrialisés et, avec elle, la terminologie. La communication et les symboles sont des éléments clefs dans l'ouverture du marché français à la F.I. Le contexte du lancement de l'Union pour la Méditerranée est également une opportunité unique pour encourager les projets à capitaux croisés. Enfin, le développement accéléré de formations en F.I. va dans le sens de l'ouverture. Deux universités françaises, au moins, ont créé un master dédié à la F.I. : Dauphine et l'Ecole de management de Strasbourg. Par ailleurs, une banque française, le Crédit agricole, a annoncé, fin septembre, le lancement de sa première SICAV conforme à la Charia, de droit Luxembourgeois et enregistrée en France.

Parions que sur le plan terminologique, l'implantation graduelle de la F.I. verra la commercialisation des produits financiers estampillés islamiques dans les langues nationales des consommateurs, comme le dit très bien Michael Cronin (2003) en affichant clairement l'enjeu : "no translation, no product". La mondialisation ne faisant que renforcer l'importance de la prise en compte de la diversité des langues dans le dialogue interculturel, cette cohabitation culturelle passe nécessairement par la traduction.

Références citées

Balliu, Christian (2005) : "La didactique de la traduction médicale, deux ou trois choses que je sais d'elle." In : *Meta* 50/1, 67 – 77.

Baker, Mona (1995) : "Corpora in Translation Studies. An Overview and Some Suggestions in Future Research." In : *Target* 7/2, 223 – 243.

Cronin, Michael (2003) : *Translation and Globalisation*. London ; New-York : Routledge.

El Qasem, Fayza (sous presse) : *La traduction des discours spécialisés : le cas de la traduction des textes économiques et financiers vers l'arabe.*

Iter, Nour al Din al (2006) : *Caractéristiques de l'économie islamique : étude contextuelle des thèmes et principes de l'économie islamique*. Beyrouth ; Damas : Editions Al Yamama.

Jouini, Elyes / Pastré, Olivier (2009) : *La Finance Islamique : une solution à la crise ?* » Paris : Economica.

Laramée, Jean-Paul [Ed.] (2008) : *La finance islamique à la française : un moteur pour l'économie, une alternative éthique*. Paris : Secure Finance, Editions Bruno Le Prince.

Moore, Philipp (1997) : *Islamic Finance : a partnership for growth*. London : Euromoney Publications in association with Abrar Group International.

Napoleoni, Loretta (2005) : *Qui finance le terrorisme international ? IRA, ETA, Al Qaida... : les dollars de la terreur*. Paris : Editions Autrement.

Rapport du Sénat français sur la finance islamique (2008).

أميرة عبد اللطيف مشهور، الاستثمار في الإقتصاد الاسلامي، مكتبة مدبولي، القاهرة، 1991.
نور الدين عتر، معالم الاقتصاد الإسلامي، دراسة تأصيلية لموضوعات الاقتصاد الإسلامي ومبادئه وخصائصه،اليمامة للطباعة والنشر، بيروت،دمشق، 2006.

Discours de crise

Michel van der Yeught

Diversité et unité des discours sur les crises boursières en Grande-Bretagne et aux États-Unis de 1700 à nos jours

1. Introduction

L'objectif de cet article est de mettre en évidence la diversité et l'unité des discours boursiers en période de crise financière, d'expliquer la multiplicité des genres dans lesquels ils se réalisent et de comprendre comment ils sont produits et comment les interpréter.

Les crises boursières comprennent généralement une bulle spéculative suivie d'un effondrement des cours appelé krach. Ces périodes sont intéressantes parce qu'elles sont très fertiles en discours. En effet, elles agitent les passions par les enrichissements et les appauvrissements rapides qu'elles provoquent et elles stimulent la production de discours divers par lesquels les esprits tentent de décrire, de comprendre et de juger les bouleversements socio-économiques qui en résultent.

Le monde traverse depuis 2008 une période de graves perturbations des marchés des capitaux et les exemples contemporains d'abondance discursive ne manquent pas. Cet article montre néanmoins que l'expansion du discours boursier en période de crise financière n'est pas un phénomène nouveau. C'est une constante des cataclysmes spéculatifs et il peut être observé dès les origines de l'activité boursière au début du XVIIIe siècle en Angleterre. Le champ d'étude envisagé s'étend sur la partie anglo-américaine de ces discours.

La première partie posera les fondements théoriques permettant de concevoir la diversité des discours boursiers de crise. La seconde partie proposera l'ébauche d'une typologie de ces discours en y distinguant six grandes catégories. La troisième partie étudiera les mécanismes ayant contribué à leur production et suggèrera des façons de les interpréter.

2. Diversité des discours boursiers de crise : fondements théoriques

2.1. Les limites du cadre théorique de l'analyse des genres

L'analyse des discours boursiers se situe dans un domaine professionnel et dans le cadre d'une langue de spécialité, l'anglais de la bourse et de la finance. Les spécialistes des discours et des genres tels John Swales et Vijay K. Bhatia définissent les genres comme des

> événements de communication reconnus caractérisés par un ensemble d'objectifs de communication identifiés et mutuellement compris par les membres d'une communauté professionnelle ou intellectuelle. (Swales 1990 : 45-58, Bhatia 1993 : 13)

Swales (1990 : 21-32), en particulier, souligne le rôle joué par les "communautés de discours"[1] (*discourse communities*) dans la production de genres qui leur sont propres.

En ce qui concerne les types de discours en question, le cadre théorique proposé par Swales et Bhatia, centré sur les milieux professionnels ou les communautés de discours, apparaît comme trop étroit pour rendre compte de la diversité des genres de discours qui ont la chose boursière comme sujet. En période de crise boursière, la production discursive s'accroît considérablement au point de déborder le cadre étroit des discours techniques et économiques des communautés spécialisées. De fait, elle s'étend largement au public non spécialisé.

Non seulement le discours boursier envahit-il les tribunes populaires que sont la presse et les médias, mais il se répand aussi largement dans des zones de productions discursives et dans des genres d'expression qui lui sont d'ordinaire étrangers : pamphlet, chronique, poésie, théâtre, confession, cinéma. Il s'agit d'abord d'expliquer pourquoi ce débordement se produit avant de proposer des exemples de la diversité discursive en question.

---

[1] Les traductions en français sont de l'auteur de l'article.

2.2. Au delà du professionnel et des communautés de discours, les "parties prenantes" à la chose boursière

La diversité des genres discursifs observable en période de crise boursière ne s'explique pas par la simple multiplication des milieux professionnels ou des communautés de discours concernés. Elle provient de l'augmentation du nombre des "parties prenantes" à la chose boursière. Le concept de "partie prenante" (*stakeholder*) est emprunté au spécialiste américain de la gestion des entreprises, Richard Freeman, qui lui a donné pour la première fois sa définition en 1984. Freeman (1984 : 46) définit une partie prenante (*stakeholder*) comme "tout individu ou groupe d'individus pouvant affecter l'organisation, ou être affecté par la réalisation des objectifs de celle-ci".

De la même manière, une partie prenante à une crise boursière peut être définie comme tout individu ou groupe d'individus pouvant avoir un effet sur une crise boursière ou être affecté par elle. Ces parties prenantes peuvent évidemment être professionnelles. Elles peuvent appartenir à des communautés de discours spécialisées et inscrire leurs propos dans des genres qui leur sont propres, ainsi que l'expliquent Swales et Bhatia. Mais la caractéristique première des crises boursières est qu'elles suscitent l'émergence de très nombreuses parties prenantes non spécialisées comme l'illustre la citation suivante. Il s'agit des premières lignes d'un pamphlet de vingt-six pages publié en 1701 par Daniel Defoe le célèbre auteur de *Robinson Crusoe*. Dans sa critique, Defoe accuse les spéculateurs professionnels de la City de Londres (*stock-jobbers*) d'avoir manipulé des cours pour susciter une ruée sur les banques au cours d'une crise boursière :

> On a déjà prédit maintes fois que les spéculateurs professionnels [*jobbers*] et les courtiers ruineraient le commerce et, maintes fois, ils ont été à la hauteur de la tâche. Mais jamais plus grande blessure n'a été infligée au commerce en général qu'aujourd'hui ; jamais le choix du moment n'a été aussi défavorable à la fois aux recettes publiques et au crédit actuel de la nation et on n'a jamais fait preuve d'autant de malveillance impudente dans les affaires du commerce public que maintenant. (Defoe 1701 : 1)

Defoe était un spéculateur occasionnel mais pas un professionnel de la City. Néanmoins, son pamphlet est probablement le premier grand texte de crise boursière de l'histoire et il préfigure tous ceux qui le suivront au cours des trois siècles à venir. Ces lignes sont révélatrices parce que le lecteur y voit clairement la chose boursière sortir de son étroit périmètre spécialisé (les *jobbers* et les *brokers*) pour déborder dans la société civile non spécialisée. Elles montrent que la crise affecte non seulement les marchands, les banquiers et tous les acteurs économiques dont le sort dépend des recettes publiques mais également la prospérité de l'ensemble des citoyens. Même ceux qui sont totalement étrangers à la chose boursière peuvent en devenir "parties prenantes" pour peu qu'ils soient soucieux de moralité sociale. En dernière analyse, une crise financière perturbe la valeur de tous les actifs économiques d'une société donnée (les titres et les valeurs ainsi que les produits agricoles et manufacturés, l'immobilier et les métaux précieux). Elle devient donc une *res publica*, une chose publique dont tout le monde peut et veut parler. La multiplication des parties prenantes à la crise boursière augmente donc les productions potentielles de discours. Mais comme ces discours émanent de locuteurs extrêmement divers, ils s'expriment dans des styles et dans le cadre de genres très différents et parfois très éloignés de ceux qui sont pratiqués dans les sphères professionnelles.

2.3. Homogénéité thématique et diversité des genres

Il peut être pris pour acquis que les milieux professionnels financiers communiquent intensément en interne pendant les crises, mais il est probable que les types de discours et les genres pratiqués dans ces conditions ne varient pas considérablement par rapport aux situations de non crise. En revanche, si l'on s'intéresse aux discours produits par les auteurs non spécialisés, une homogénéité certaine et une grande diversité peuvent y être observées à la fois.

Premièrement, l'homogénéité de ces discours est essentiellement thématique dans la mesure où ils ont généralement un contenu protestataire et accusateur comme le montre le pamphlet de Defoe. La responsabilité des krachs y est d'ordinaire imputée aux professionnels eux-mêmes diversement appelés à travers l'histoire *jobbers, brokers, traders, Wall Street, investment banks* ou *hedge funds*. Dans les pays de langue anglaise, cette thématique critique des discours boursiers a reçu un nom informel, celui de *market denunciations* ou "accusations du marché". De crise en crise, ces *market denunciations* ponctuent toute l'histoire des bourses anglo-saxonnes.

Deuxièmement, la diversité de ces discours provient de la pluralité des parties prenantes elles-mêmes et elle a pour effet que les discours de *market denunciations* s'expriment dans des genres extrêmement variés. Le prêcheur religieux se déchaîne contre Wall Street dans le cadre d'un sermon ; le journaliste dans le cadre d'un article ; l'économiste dans un ouvrage savant ; le moraliste dans une lettre ouverte à la presse ; le politicien dans un discours ; le poète par des vers et le dramaturge sur une scène de théâtre.

3. Ébauche d'une typologie des discours boursiers de crise

Une typologie des discours boursiers de crise est à présent ébauchée et elle prend principalement en compte ceux qui sont produits en dehors des milieux spécialisés. Dans ce domaine, rares sont les discours typologiquement purs : la plupart empruntent leurs caractéristiques à plusieurs catégories. Néanmoins, en règle générale, certains traits y apparaissent néanmoins comme suffisamment prédominants pour justifier l'élaboration d'un cadre typologique. Les genres de discours sont évidemment infiniment variés selon les parties prenantes, les circonstances et les époques. Toutefois, six grands types peuvent être identifiés sur le long terme.

3.1. Les protestations personnelles

Dans ce type de discours, l'auteur témoigne en tant que personne privée partie prenante de la crise. Selon les cas, il est victime financière directe, critique moral qui prend le public à témoin, accusateur des milieux professionnels fautifs à ses yeux, observateur ironique ou désabusé de la folie des marchés, donneur de conseils afin que ses concitoyens évitent les pièges de la bourse. Il tire son autorité de son expérience (souvent douloureuse) de la spéculation et de son intégrité morale. Les genres privilégiés sont le pamphlet, la lettre ouverte dans la presse, le témoignage satirique ou le livre d'humeur.

Auteur	Année	Titre	Pays
Defoe, Daniel	1701	*The Villainy of Stock-Jobbers Detected*	GB
Mortimer, Thomas	1761-1801	*Every Man his Own Broker* ("Être son propre courtier")	GB
McNeel, R.W	1930	*Sick in Bed with Common Stocks* ("Cloué au lit avec la fièvre boursière")	US
Plummer, A. Newton	1932	*The Great American Swindle Incorporated* ("La grande arnaque américaine, SA")	US
Reis, Bernard	1938	*False Security: The Betrayal of the American Investor* ("Valeurs dévalorisées : les investisseurs américains trahis")	US
Wilcox, U. V.	1940	*The Bankers Be Damned* ("Maudits soient les banquiers ! ")	US

Tableau 1: exemples du genre "protestation personnelle"[2]

3.2. Les révélations

Dans ce genre, l'auteur est journaliste, historien, juriste, initié ou professionnel des milieux boursiers, mais il se mue en enquêteur et dévoile au grand jour les malversations ayant contribué à la crise. Il parle moins en son propre nom qu'en tant que chroniqueur, militant d'une cause qu'il estime juste, historien, redresseur de torts ou journaliste d'investigation. Les genres sont l'enquête socio-économique, le *muckraking*, l'enquête journalistique, l'analyse à charge ou la dénonciation.

---

[2] Pour faciliter la lecture, ces tableaux ne proposent que des références abrégées. Les références complètes se trouvent en fin d'article. L'origine des textes (GB ou US) est mentionnée. A moins que le titre ne soit aisément accessible à un lecteur francophone, une traduction française de l'ouvrage ou une brève explication est parfois proposée afin d'illustrer l'appartenance du discours au type sélectionné.

Auteur	Année	Titre	Pays
Brandeis, Louis D.	1914	*Other People's Money and How the Bankers Use it* ("L'argent des autres et comment les banquiers l'utilisent")	US
Comer, E. Jay	1932	*The Security Racket: Behind Closed Doors* ("Racket boursier à huis clos")	US
Parker, John Lloyd	1932	*Unmasking Wall Street* ("Wall Street démasquée")	US
Pecora, Ferdinand	1939	*Wall Street Under Oath* ("Wall Street témoigne sous serment")	US
Ney, Richard	1970	*The Wall Street Jungle* ("La jungle de Wall Street")	US
Levitt, Arthur	2002	*Take on the Street: What Wall Street and Corporate America Don't Want You to Know* ("Faire face à Wall Street : ce que Wall Street et les sociétés américaines ne veulent pas que vous sachiez")	US

Tableau 2 : exemples du genre "révélations"

3.3. Les confessions

Il s'agit d'un type de *market denunciation* assez répandu aux États-Unis. Un professionnel repenti confesse ses crimes et révèle ceux de ses collègues. Il regrette d'avoir grugé le grand public et place sa compétence technique au service des petits investisseurs pour se racheter une bonne conscience. Ce genre se situe généralement dans un contexte moral ou dans un environnement biblico-religieux propre à la culture américaine. L'auteur regrette souvent d'avoir sacrifié à Mammon, le dieu de l'argent, plutôt qu'à Dieu, ou d'avoir suivi les marchands du temple plutôt que Jésus. Ce genre s'inscrit dans la tradition des *public confessions* pratiquées par certaines églises protestantes américaines. Le pécheur expose ses turpitudes en public pour être pardonné par ses coreligionnaires et réintégré dans la communauté.

Auteur	Année	Titre	Pays
Salmon, David	1932	*Confessions of a Former Customers' Man* ("Confessions d'un ancien homme de confiance financier")	US
"Brutus"	1971	*Confessions of a Stock Broker: A Wall Street Diary* ("Confessions d'un courtier en bourse")	US
Reingold, Daniel	2006	*Confessions of a Wall Street Analyst* ("Confessions d'un analyste financier")	US

Tableau 3 : exemples du genre "confessions"

3.4. Les critiques théoriques

Des économistes analysent les dysfonctionnements des marchés et remettent en question les modèles théoriques sur lesquels ils sont fondés. Le genre est l'ouvrage savant rigoureusement argumenté.

Auteur	Année	Titre	Pays
Keynes, John Maynard	1936	*Théorie générale de l'emploi de l'intérêt et de la monnaie,* chapitre 12 [Analyse de la spéculation comparée à un concours de beauté]	GB
Galbraith, John Kenneth	1990	*A Short History of Financial Euphoria: Financial Genius is Before the Fall* ("Une brève histoire de l'euphorie financière : le génie financier s'exprime avant la chute")	US
Shiller, Robert J.	2000	*Irrational Exuberance* ("Exubérance irrationnelle")	US
Fox, Justin	2009	*The Myth of the Rational Market* ("Le mythe du marché rationnel")	US

Tableau 4 : exemples du genre "critiques théoriques"

3.5. Les poèmes boursiers des crises financières

Du début du XVIIIe siècle jusqu'à la fin du XIXe, il a existé une importante production poétique boursière en langue anglaise. Les périodes de crise semblent avoir particulièrement stimulé l'inspiration des poètes, anonymes ou célèbres. Ce genre de *market denunciation* est fortement marqué par la forme versifiée et son contenu s'apparente à l'expression de la protestation personnelle vue en [3.1]. Le choix de l'expression poétique semble répondre à deux objectifs de communication distincts qui produisent deux sous-genres.

3.5.1. La poésie boursière cultivée

La poésie boursière cultivée joue sur la complicité avec l'élite intellectuelle de l'époque capable de goûter les vers, de comprendre les métaphores et les références mythologiques gréco-latines, d'apprécier l'ironie. Les œuvres sont généralement longues, de facture soignée et d'un style poétique soutenu. L'excellence du travail prosodique donne souvent à l'auteur une supériorité intellectuelle qui légitime le jugement souverain qu'il porte sur la folie des spéculateurs. Certains grands écrivains tels Swift et Pope s'y sont illustrés.

Auteur	Année	Titre	Pays
Gent, J. B.	1720	*A poem occasion'd by the rise and fall of South-Sea stock* [26 pages]	GB
Swift, Jonathan	1721	*The South Sea Project* [228 vers]	GB
Pope, Alexander	1732	*An Epistle to Allen Lord Bathurst* [236] vers)	GB
Auteur anonyme	1746	*The art of Stock jobbing: A poem, In imitation of Horace's Art of Poetry*	GB
Auteur anonyme	1791	*The Glass; or Speculation: A poem*	US

Tableau 5 : exemples du genre "poésie boursière cultivée"

3.5.2. La poésie boursière populaire

La poésie boursière populaire est composée de ballades, de petits quatrains ou de bouts-rimés souvent publiés dans des journaux et des gazettes et colportés par la rumeur publique à la manière des chansons ou des fables populaires. La forme poétique facilite la mémorisation et se prête à la moquerie que les humbles adressent à ceux qui se sont crus riches et qui se trouvent ruinés.

Texte original d'un poème anglais daté de 1720[3]

Five Hundred Millions, *Notes* and *Bonds*,
Our *Stock* are worth in Value,
But neither lie in Goods nor Lands
Or Money let me tell ye.
Yet, though our Foreign Trade is lost,
Of Mighty Wealth we Vapour,
When all the riches that we Boast
Consist in Scrips of Paper
[poème sur la bulle des Mers du Sud cité par Banner 1998 : 61]

3.6. Le théâtre et le cinéma des crises boursières

Les crises boursières comportent des épisodes dramatiques (retournements de situation, péripéties, effervescence des passions, personnages sulfureux) qui les rendent propres à la mise en scène théâtrale et cinématographique. La tradition théâtrale boursière remonte à la bulle des Mers du Sud dans l'Angleterre de 1720 : de nombreuses pièces satiriques se moquaient des *jobbers* cyniques d'Exchange Alley et de leurs crédules victimes. La bulle spéculative des années 1920 et le krach de 1929 ont inspiré l'hilarante comédie *Shakespeare in Wall Street* et la dramatique ironique *People vs. Wall Street*. Plus près de nous, l'affaire Enron qui éclata en 2001 et la crise des *subprimes* de 2008 ont servi de sujet à deux dramaturges britanniques. Le cinéma a également pris les bulles spéculatives et les crises comme thématiques ainsi que l'atteste *Wall Street* d'Oliver Stone et *Rogue Trader* un film consacré à la banqueroute de la banque britannique Barings en 1995. Les genres sont généralement la comédie de

---

[3] Traduction française : Cinq cents millions, en billets et en obligations vaut notre capital, mais rien en biens ni rien en terres ni en comptant, moi je vous le dis. Pourtant, bien que notre commerce extérieur soit perdu, nous nous enivrons de fortune et de puissance alors que tout l'argent dont nous nous vantons n'est que bouts de papier.

mœurs, la farce ou la comédie satirique. Les deux pièces récentes sont plutôt des comédies dramatiques, parfois drôles mais le plus souvent acides.

Auteur	Année	Titre	Pays
Auteur anonyme	1720	*Exchange Alley: or, the Stock-Jobber Turn'd Gentleman*	GB
Warren, Edward H.	1929	*Shakespeare in Wall Street*	US
Floyd, William	1930	*People vs. Wall Street: A Mock Trial*	US
Prebble, Lucy	2009	*Enron*	GB
Hare, David	2009	*The power of Yes: A dramatist seeks to understand the financial crisis*	GB

Tableau 6.1 : exemples du genre "théâtre boursier"

Titre du film	Année	Références	Glose
Wall Street	1987	Mise en scène d'Oliver Stone. 20th Century Fox.	La bulle financière de 1985-87
Rogue Trader (*Trader*)	1998	Granada Films	L'effondrement de la banque Barings en 1994-95

Tableau 6.2 : exemples du genre "cinéma boursier"

4. Discussion théorique : production et interprétation des discours boursiers en période de crise financière

La démarche proposée pose de nombreux problèmes théoriques. Elle exige notamment des éclaircissements quant aux mécanismes de production et d'interprétation de ces types particuliers de discours. Il est difficile d'apporter ici une réponse aboutie mais deux pistes d'analyse peuvent être indiquées. Elles reposent sur la distinction établie par H. G. Widdowson entre discours et texte. Pour Widdowson (2004 : 8), un discours est un processus de communication pratique et contextualisé. En revanche, un texte est l'enregistrement stabilisé du processus discursif et il s'apparente donc plutôt à un produit à interpréter.

4.1. Les deux matrices de production des discours

En tant que processus de communication, il est suggéré que les discours boursiers étudiés ici résultent de deux matrices discursives distinctes : la première est la conjoncture financière elle-même, c'est-à-dire la crise boursière ou la bulle spéculative qui l'alimente ; la seconde est la posture de l'auteur-partie prenante à cette crise. En l'occurrence, par matrice discursive, on entend un ensemble de facteurs déclenchants et de contraintes qui produisent et qui modèlent le discours.

En ce sens, la crise boursière est matrice discursive dans la mesure où elle est le facteur déclenchant premier de l'expression discursive et parce que tout discours qui la prend pour objet est soumis à des contraintes inhérentes à cet objet. Par exemple, au risque de se décrédibiliser, tout discours portant sur une crise financière doit respecter la vérité historique du contexte évènementiel, utiliser à bon escient la terminologie spécialisée de la bourse et tenir compte des pratiques de la communauté professionnelle. La posture de l'auteur partie-prenante est également matrice discursive dans la mesure où l'auteur est à l'origine du projet de communication et de la forme qu'il peut lui donner. En particulier, il lui revient de choisir le genre d'expression de son discours.

Les discours boursiers en question se situent donc à l'intersection de ces deux matrices discursives. En effet, le contact entre la crise et la personne partie prenante pousse cette dernière à élaborer un projet de communication et à devenir l'auteur d'un discours. Le discours découle du compromis qui s'effectue entre les exigences des deux matrices. Par exemple, le poète boursier doit avoir recours à la terminologie boursière, mais celle-ci doit se couler dans les exigences de l'expression poétique (vers, images, références littéraires, etc.).

4.2. L'interprétation des textes

Lorsque, selon la distinction proposée par Widdowson, les discours-processus deviennent des textes-produits, ils doivent être interprétés par les récepteurs pour être compris. Widdowson (2004 : 36-88) avance que l'interprétation correcte d'un texte implique non seulement que le récepteur comprenne correctement le texte en question, mais qu'il puisse également le placer dans son "contexte" (son environnement évènementiel), le mettre en relation avec ses "co-textes" (son environnement textuel) et identifier ses "prétextes" (c'est-à-dire distinguer les objectifs communicationnels véritables de ceux qui ne sont qu'apparents). Ce cadre théorique permet de mesurer la complexité herméneutique des textes boursiers étudiés car il apparaît clairement que tous les éléments contextuels, co-textuels et prétextuels susceptibles d'intervenir dans leur interprétation appartiennent aux deux matrices identifiées plus haut. Leur décodage est donc nécessairement hybride, complexe et parfois contradictoire. Il exige de la part du récepteur une bonne connaissance des deux matrices discursives dont le discours est la résultante.

À titre d'exemple, l'interprétation du film *Wall Street* d'Oliver Stone mêle continuellement des éléments émanant de la matrice 1 ("la bulle spéculative de Wall Street dans les années 1980") et de la matrice 2 ("le cinéaste partie prenante"). Ainsi, la date du film, 1985, marque-t-il le début de la formation de la bulle financière (contexte de matrice 1) ; mais c'est également la date du décès du père d'Oliver Stone à qui le film est dédié (contexte de matrice 2). Le film reproduit très précisément le langage technique des boursiers professionnels. Mais ce souci de réalisme technique ne pourrait être qu'un prétexte de matrice 1, car il peut s'agir indirectement d'un hommage qu'Oliver Stone rend à son père qui a fait carrière en tant que professionnel de Wall Street (il a fondé et dirigé la maison de titres Hayden Stone jusque dans les années 1970 – objectif véritable de matrice 2). Le tableau 7 montre les effets respectifs des deux matrices dans le processus de production du film. Les deux séries de codages se combinent pour produire le discours cinématographique de Stone. Son long métrage est l'un des meilleurs films boursiers car c'est à la fois un portrait saisissant des excès spéculatifs des années 1980 (matrice 1) et un film très personnel (matrice 2). L'équilibre des contraintes et des codages entre les deux matrices contribue à la qualité des discours produits.

Éléments du film	Matrice 1 : conjoncture financière	Matrice 2 : auteur-partie prenante
Date : 1985	Début de la bulle boursière des années 1980	Date de la mort de Louis Stone, père du cinéaste (hommage du fils au père)
Précision du langage boursier	Exigée par les caractéristiques spécialisées du sujet	Exigée par l'hommage rendu au père, professionnel de Wall Street
Personnage de Lou Manheim	Représente l'ancienne génération qui s'oppose aux *yuppies* des années 1980	Figure du père : le nom du personnage "Lou" évoque celui du père "Louis"
Dénouement du film, critique pour Wall Street	Révélation des abus des années 1980 et anticipation du krach d'octobre 1987	Revanche prise contre la spéculation à Wall Street qui poussa la firme de son père, Hayden Stone, à la faillite en 1971

Tableau 7 : Le film *Wall Street* et ses deux matrices discursives

L'interprétation des discours boursiers de crise, notamment ceux qui émanent d'auteurs non spécialisés, exige donc une capacité fine de décodage des deux séries de messages et, par conséquent, une culture encyclopédique des deux matrices discursives.

5. Conclusion

Depuis trois siècles, les productions langagières boursières anglophones représentent un volume de discours considérable. Parmi elles, les discours liés aux crises financières occupent une proportion très importante et se signalent par l'extrême diversité de leurs auteurs qui, très souvent, sont "partie prenantes" à la crise mais n'appartiennent pas à la communauté spécialisée. Avec ces types d'objets, nous atteignons probablement aux limites de ce que peut nous apporter l'analyse du discours. En effet, le caractère hybride de leurs matrices de production complexifie la compréhension des mécanismes qui les génèrent et complique singulièrement leur interprétation. Beaucoup d'entre eux échappent aux catégorisations préalables et aux outils d'analyse préfabriqués qui peuvent leur être appliqués et ils s'imposent comme des productions idiosyncrasiques et des œuvres uniques. Les analyser requiert donc des stratégies explicatives également uniques. Celles-ci ne peuvent être fondées que sur une culture encyclopédique des facteurs créatifs. Par conséquent, leur interprétation exige souvent une érudition adaptée qui émane moins d'une technique explicative donnée que des capacités propres à chaque analyste. En ce sens, bon nombre de ces discours ressemblent à des textes littéraires et les analyses s'apparentent à ce qu'il est convenu d'appeler analyse littéraire. Pour toutes ces raisons, il ne paraît pas déplacé de qualifier l'ensemble de ces discours du terme de "littérature boursière".

Références citées

Banner, Stuart (1998) : *Anglo-American Securities Regulations: Cultural and Political Roots 1690-1860*. Cambridge : Cambridge University Press.
Bhatia, Vijay K. (1993) : *Analysing Genre: Language Use in Professional Settings*. Harlow, Essex, GB : Pearson.
Freeman, Richard (1984) : *Strategic Management: A Stakeholder Approach*. Marshfield, MA : Pitman Publishing.
Swales, John M. (1990) : *Genre Analysis: English in Academic and Research Settings*. Cambridge : Cambridge University Press. [= Cambridge Applied Linguistics].
Widdowson, Henry G. (2004) : *Text, Context, Pretext: Critical Issues in Discourse Analysis*. Oxford : Blackwell Publishing. [= Language in society. 35].

Corpus des discours cités

Anonyme (1720) : *Exchange Alley: or, the Stock-Jobber Turn'd Gentleman*. Londres : Bickerton.
Anonyme (1746) : *The Art of Stock jobbing: A poem, In imitation of Horace's Art of Poetry*. Londres : Baldwin and Jeffreys.

Anonyme (1791) : *The Glass; or Speculation: A poem*. New York : publié à compte d'auteur.

Brandeis, Louis D. (1995 [1914]) : *Other People's Money and How the Bankers Use it*. New York : Bedford/St. Martin's Press.

"Brutus" (1971) : *Confessions of a Stock Broker: A Wall Street Diary*. Boston, MA : Little Brown.

Comer, E. Jay (1932) : *The Security Racket: Behind Closed Doors*. Chicago, IL : Dunelm.

Defoe, Daniel (1701) : *The Villainy of Stock-Jobbers Detected and the Causes of the Late Run upon the Banks and Bankers Discovered and Considered*. Londres : éditeur inconnu.

Floyd, William (1930) : *People vs. Wall Street: A Mock Trial*. New York : The Vanguard Press.

Fox, Justin (2009) : *The Myth of the Rational Market*. New York : Harper-Collins.

Galbraith, John Kenneth (1990) : *A Short History of Financial Euphoria: Financial Genius is Before the Fall*. Knoxville, TN : Whittle Direct Books.

Gent, J. B. (1720) : *A poem occasion'd by the rise and fall of South-Sea stock*. Londres : Chapman and Williams.

Hare, David (2009) : *The Power of Yes: A dramatist seeks to understand the financial crisis*. Londres : Faber and Faber.

Keynes, John Maynard (1936) : *Théorie générale de l'emploi de l'intérêt et de la monnaie*. Paris : Payot, chapitre 12, 163–178 [traduit de l'anglais par Jean de Largentaye].

Levitt, Arthur (2002) : *Take on the Street: What Wall Street and Corporate America Don't Want You to Know*. New York : Pantheon Books.

McNeel, Reed W. (1930) : *Sick in Bed with Common Stocks*. Boston, MA : McNeel Institute of Investment Education.

Mortimer, John (1969 [1761-1801]) : *Every Man his Own Broker*. Westmead, Farnborough, Hants., GB : Gregg International Publishers.

Ney, Richard (1970) : *The Wall Street Jungle*. New York : Grove Press.

Parker, John Lloyd (1932) : *Unmasking Wall Street*. Boston, MA : The Stratford Company.

Pecora, Ferdinand (1939) : *Wall Street Under Oath*. New York : Simon and Schuster.
Plummer, A. Newton (1932) : *The Great American Swindle Incorporated*. New York : A. Newton Plummer.
Prebble, Lucy (2009) : *Enron*. Londres : Methuen Drama.
Pope, Alexander (1966[1732]) : *An Epistle to Allen Lord Bathurst*. In : Pope, Alexander (1966) : *Poetical Works*. Ed. by Herbert John Davis. Londres : Oxford University Press.
Reingold, Daniel (2006) : *Confessions of a Wall Street Analyst*. New York : HarperCollins.
Reis, Bernard (1938) : *False Security: The Betrayal of the American Investor*. New York : Dodge.
Salmon, David (1932) : *Confessions of a Former Customers' Man*. New York : Vanguard.
Shiller, Robert J. (2000) : *Irrational Exuberance*. Princeton, NJ : Princeton University Press.
Swift, Jonathan (1721) : *The South Sea Project*.
<http://www.online-literature.com/swift/poems-of-swift/43/>
Warren, Edward H. (1929) : *Shakespeare in Wall Street*. Boston, MA : Houghton Mifflin (réimprimé par Kessinger Publishing).
Wilcox, U. V. (1940) : *The Bankers Be Damned*. New York : Daniel Ryerson.

Filmographie

Wall Street (1987) : Mise en scène d'Oliver Stone. 20th Century Fox. Acteurs: Michael Douglas, Charlie Sheen, Martin Sheen, Daryl Hannah, Terence Stamp. Version DVD par 20th Century Fox Home Entertainment.
Rogue Trader (*Trader*) (1998) : Granada Films. Acteurs: Ewan McGreggor, Anna Friel. Version DVD par Capitol.

Pascale Janot
Histoire d'une crise, histoire d'un terme : de quelques stratégies discursives autour du terme *subprime* dans la presse généraliste française et italienne

1. Introduction

La crise financière internationale, qui a débuté en juillet-août 2007, a sans aucun doute été l'événement de ces dernières années. Les médias, tous autant qu'ils sont en Italie comme en France, ont, pour répondre au besoin de savoir – de comprendre surtout – d'un public touché de près ou de loin par cette crise, largement vulgarisé l'événement, propulsant le champ de la finance, auparavant totalement inconnu du grand public, sur le devant de la scène médiatique. Ainsi la terminologie de la finance a-t-elle gagné le récit quotidien, faisant du discours sur la crise financière également un discours sur les mots de celle-ci. C'est en effet toute une machine médiatico-éditoriale qui se mobilise, à un certain moment, pour expliquer la terminologie. Outre ce qui peut apparaître dans la chronique quotidienne des médias, nous voyons fleurir fin 2008 des glossaires et des dictionnaires pour mieux comprendre les mots de la crise, et par là, la crise elle-même[1]. Nous savons combien le langage économique, notamment celui de la finance, peut être perçu par le grand public – par les économistes eux-mêmes du reste – comme un jargon. La difficulté tenant, avec les termes qui en dénomment les objets et les concepts, à ce que ce sont pour la plupart des anglicismes. Certes, chaque langue possède un degré de perméabilité variable vis-à-vis de l'anglicisme : l'italien emprunterait plus facilement dans ce domaine que le français (Raus 2007 : 319). Ce qui est certain, c'est que la crise,

---

[1] Crise financière mondiale : le Dico pour tout comprendre (*VSD*, 9/10/08) ; Les mots pour comprendre la crise financière (*Libération*, 9/10/08) ; Les "mots de la crise" : ceux qui stressent et ceux qui rassurent (*L'Expansion*, 12/12/08) ; Les mots de la crise économique (*France2*, 17/10/08) ; Il dizionario della crisi finanziaria (*Corriere della sera*, 8/10/08) ; Le parole chiave della crisi finanziaria (*Il Sole 24 ore*, 09/08) ; Il nuovo ABC dell'economia : le 300 parole per capire che cosa cambia dopo la grande crisi (M. Mariani, *Il Sole 24 Ore*, 10/09).

déclenchée aux Etats-Unis, va produire une constellation de termes anglo-américains qui vont pénétrer et circuler dans les discours (*subprime, loan, hedge funds, rating, bailout, LBO, credit crunch, junks bonds, slate financing, private equity, mortgage etc.*), obligeant les journalistes-vulgarisateurs à un considérable travail de désopacification. C'est sur ce travail que nous allons nous pencher, sur l'un de ces "mots de la crise", *subprime*, terme financier emblématique en ce qu'il dénomme l'événement ayant déclenché la crise et qui se double d'un "fort impact discursif externe" (Beacco 2000 : 5).

2. Vulgarisation et reformulation

Les discours qui nous intéressent appartiennent à la "nébuleuse" (Jacobi / Schiele 1988 : 87) des discours de vulgarisation qui, du point de vue du traitement désopacifiant de la terminologie, ne sont pas sans rappeler les discours de vulgarisation scientifique : il s'agit de transmettre des savoirs afin de faire comprendre un problème qui touche le public de près[2].

Certaines études portant sur le discours de vulgarisation scientifique (DVS) en général ou plus spécifiquement sur le discours de vulgarisation économique (DVE) n'ont pas manqué d'établir des rapprochements entre les deux, notamment au niveau de l'activité de reformulation qu'entraîne la vulgarisation autour de la terminologie scientifique ou technique. Mortureux (1982), par exemple, choisissant comme corpus différents *dialogues* de vulgarisation, dont celui entre N Salinger et l'économiste J.-K. Galbraith[3], repère et analyse les stratégies discursives communes à ces différents discours comme les dispositifs paraphrastiques autour des termes. Plus récemment, Lejeune (2005 : 317), analysant comment un journaliste, A. Vernholes, rapporte les *Notes de conjonc-*

---

[2] J.-C. Beacco et S. Moirand (1995 : 41) ont mis au jour une nouvelle forme de vulgarisation qui s'exprime au sein de discours médiatiques ordinaires, lesquels "deviennent lieux de transmission de savoir lorsque, dans le narratif, l'anecdotique, le singulier, se glissent de la généralisation, des mises en perspective, des corps de savoirs 'reconnus' de nature encyclopédique, ou des emprunts aux dires des savants". (Charaudeau / Maingueneau 2002 : 603-604)

[3] Galbraith, John Kenneth / Saligner, Nicole (1978) : *Tout savoir – ou presque – sur l'économie*. Paris : Le Seuil.

ture dans la rubrique économique du journal *Le Monde,* trouvait dans les "aides à la compréhension" fournies aux lecteurs – au niveau de formes linguistiques comme les "paraphrases diverses", les "couples question-réponse" ou les "rappels théoriques" – des éléments de convergence entre DVE et DVS. Ce qui justifie la nécessité de la vulgarisation c'est donc

> l'obstacle que constitueraient pour la diffusion des connaissances dans un large public l'existence, la structure et le fonctionnement des 'terminologies', ressenties comme autant de 'jargons' par les non-spécialistes. (Mortureux 1982 : 50)

Avec *subprime*, il ne s'agit pas seulement d'expliciter la terminologie, mais aussi de parler du monde qui va avec, car la crise a touché le monde économique réel et *subprime* est, de ce fait, entré de plain-pied dans le débat public. Cela nous amène tout naturellement au concept de reformulation :

> Le concept de reformulation vise l'ensemble des calculs et des procédés qui transforment un discours en un autre discours ; il désigne un espace discursif et montre comment un discours s'élabore à partir d'un autre lui préexistant. (Peytard / Moirand 1992 : 76)

L'un de ces procédés est le "nœud sémantique et discursif" (Reboul-Touré 2003 : 75) où convergent vulgarisation et reformulation, que constitue le dispositif d'explicitation de la terminologie : ce que Steuckardt / Honoré (2006 : 6) appellent "l'escorte métalinguistique", expression fonctionnelle servant à désigner l'activité métalinguistique de paraphrase qui se cristallise autour du vocabulaire spécialisé. Cela correspond à des séquences reformulantes qui, par un "retour sur le signe", donnent, sur un terme, des précisions sémantiques, des indices définitionnels, des colorations métaphoriques. Ainsi :

> La reformulation s'inscrit [...] dans un processus particulier qui, dans le même temps qu'il pose un dit nouveau, re-dit un propos antérieur. [...] C'est l'opération par laquelle le locuteur recommence une opération de formulation. (Le Bot / Schuwer / Richard 2008 : 11)

3. La mise en scène discursive du terme *subprime*

Nous allons tenter de voir, au fil de l'évolution de la crise, sur un axe temporel allant de son déclenchement (effondrement des *subprimes*) à ses effets (la crise financière internationale), comment se structure et évolue la mise en scène discursive du terme en observant les dispositifs de reformulation qui en ont balisé le sémantisme. Pour ce faire, nous avons rassemblé un corpus d'articles tirés de trois quotidiens généralistes italiens, *Corriere della sera* (CdS), *La Repubblica* (LaRep) et *La Stampa* (LaSt) et de trois quotidiens généralistes français, *Le Figaro* (LeFig), *Libération* (Libé) et *Le Monde* (LeMd) qui couvre toute la période la crise, de juillet-août 2007 jusqu'en mars 2009.

3.1. Un "mot qui ne va pas de soi"[4]

Subprime est un terme économique appartenant à une sous-catégorie, la finance. Il s'agit donc d'un terme à très haut degré de technicité, dénommant un phénomène complexe. C'est, de plus, un emprunt (au sens large de "mot d'origine étrangère") provenant de l'anglais, perçu comme un néologisme, circulant au stade de xénisme puis de pérégrinisme. Nous dirons donc qu'il est chargé d'un très fort degré d'altérité suscitant un degré d'explicitation proportionnel. Toutes les conditions sont réunies pour qu'il puisse être étiqueté d'emblée comme un élément venant alimenter le jargon des économistes. Ce qui est d'ailleurs clairement exprimé dans le corpus italien :

> (1) [...] *argomenti incomprensibili*[5], spread creditizi, utili netti, mutui "subprime". – LaSt / subprime, *termine oscuro* con il quale oramai tutto il mondo ha dovuto fare i conti. – LaSt

En suivant à la trace le terme *subprime*, nous remarquons, toutes sources confondues, que son aspect graphico-visuel est changeant. D'une façon générale, nous relevons, grâce aux signes diacritiques, une évolution allant de ("subprime") à subprime en passant par *subprime* et "subprime". Dans les deux langues, c'est subprime ou *subprime* qui s'impose vers la fin de la période, bien

---

[4] Expression empruntée à Authier-Revuz (1995).
[5] Dans les exemples numérotés, l'italique de mise en relief est le fait de l'auteur.

que "subprime" résiste. Cette plasticité est liée à son statut de xénisme, de "corps étranger" faisant irruption par la force de l'événement. Elle est également corrélée au fait que le terme est en mention et à son impact *hic et nunc* dans le discours. Elle dépend donc du traitement désopacifiant auquel il va être soumis, de ce qui va, avant et / ou après, en élucider le sens et, par là, lui donner une "co-forme" discursive que nous appellerons "aspect graphico-visuel".

3.2. Un terme "sous escorte"

Durant toute la période examinée, nous avons certes une première phase où la dimension définitoire est particulièrement élaborée – dans les articles relatant le début de la crise financière – mais nous retrouvons fin 2008-début 2009, période de bilan sur la crise, une même attention au rappel du sens, avec des pics explicatifs tout au long de la période. Les vulgarisateurs ont donc conscience de la difficulté du terme et sentent le besoin d'en rappeler régulièrement le sens.

3.2.1. Dénominations et désignations[6]

Subprime vient de la lexie composée anglaise *subprime loan*, littéralement "prêt de qualité inférieure". Ayant une fonction adjectivale au départ, il est par la suite substantivé par ellipse de *loan*, phénomène qui se vérifie également en français et en italien (*i/il subprime* / *le/s subprime/s*). Durant la période analysée, le terme *subprime* n'est bien évidemment pas dans les dictionnaires de langue[7]. En revanche, nous le trouvons assez tôt dans les dictionnaires terminologiques, dans l'IATE (*InterActive Terminology for Europe*) par exemple, qui nous permet d'obtenir sa traduction dans les deux langues à partir des entrées *subprime mortgage* et *subprime loan* :

> *subprime mortgage* : prestito di qualità non primaria / crédit hypothécaire à risque / *subprime loan* : mutuo di qualità non primaria / crédit immobilier à risques

Nous constatons que l'italien est au plus près de la signification anglaise, alors que le français mentionne l'élément "risque" (au singulier ou au pluriel),

---

[6] Sur la distinction entre ces deux concepts, *cf.* Kleiber (1984).
[7] Il est entré dans le Zanichelli (2010), mais pas dans le Robert (2010).

explicitant la conséquence de la qualité inférieure du crédit. L'élément "hypothèque", clairement exprimé en anglais, l'est également en français (*mortgage* = crédit hypothécaire) alors que l'italien semble faire apparaître la différence entre *mortgage* et *loan* avec *prestito* et *mutuo, prestito* n'étant cependant pas synonyme *d'ipoteca*. L'élément "risque" est quant à lui absent. Nous verrons par ailleurs que l'élément *a rischio, ad alto rischio* est assez récurrent dans le corpus italien. En outre, le terme *subprime* est curieusement absent des glossaires de la *Borsa italiana* et de la Bourse de Paris. De son côté, l'APFA (Actions pour Promouvoir le Français des Affaires) recommande pour *subprime* (*mortgage loan*) la traduction : (prêt hypothécaire) à haut risque, avec "prêts" à la place de "crédit", "risque" (au singulier) précédé de "haut" et "hypothécaire" présenté comme équivalent unique pour *mortgage* et *loan*.

Si nous nous tournons à présent vers les corpus interrogés, nous constatons qu'assez tôt dans le corpus italien *mutui subprime* va circuler parallèlement à *subprime*, fonctionnant comme une double dénomination. Il s'agit d'un emprunt hybride où une partie de la lexie anglaise est traduite et fonctionne comme élément de désopacification du deuxième élément qui reste anglais. Ce procédé est caractéristique de la façon dont la terminologie financière italienne assimile les anglicismes (Raus 2007 : 317). Cela renvoie d'ailleurs aux deux entrées du dictionnaire en ligne du *Sole 24 Ore* (*Finanza&Mercati*), – quotidien économique de référence en Italie – dont on précise qu'il a été élaboré par des experts en économie :

> Mutui subprime (parola di diritto) : Mutui erogati da banche a favore di clienti di non primaria affidabilità usualmente per l'acquisto di immobili, normalmente garantiti da ipoteca.☐ I mutui in questione sono definiti "subprime" per il fatto che i mutuatari sono soggetti con limitata garanzia patrimoniale e non hanno la possibilità ☐di accedere ai normali tassi d'interesse di mercato. Il prestito"subprime" si concede, infatti, a chi possiede un "rating di credito" inferiore al minimo consentito. I destinatari sono prevalentemente soggetti con redditi bassi e non constanti e possono aver subito un precedente pignoramento. Questa caratteristica rende le conseguenti operazioni di cartolarizzazione eseguite su di essi più rischiose rispetto a quelle legate a contratti di mutuo [...].

Subprime (parola di economia) : I subprime sono prestiti immobiliari concessi a soggetti a rischio, principalmente negli Stati Uniti. Quale rischio? Quello di un debitore che è già stato insolvente o che non dà alcuna documentazione circa i suoi redditi o le sue attività. Ebbene, società specializzate gli concedono una 'seconda chance', assumendosi il rischio di non essere rimborsate, dietro il pagamento di tassi di interesse sensibilmente più alti e di commissioni e di more elevate [...].

En français, ce dédoublement dénominatif ne se vérifie pas. *Subprime* est parfois précédé de "prêts", mais sans figement. On relève, au début de la période, la présence de *subprime loan/s* et *subprime mortgage*, glosés – absents du corpus italien –, mais c'est *subprime*, en fonction adjectivale et surtout substantivale qui s'impose. Ce que l'on retrouvera dans *Les 100 mots de la crise financière* :

> La crise du *subprime* : Les *subprimes*, ces prêts hypothécaires de qualité inférieure, sont à l'origine de la crise financière. Aux Etats-Unis, les prêts hypothécaires sont classés en quatre catégories en fonction de la qualité de l'emprunteur : *subprime* (les moins bons), *Alt-A*, *Jumbo* et *Prime* (les meilleurs) [....]. (Jacquillat / Levy-Garboua 2009 : 32)

Nous relevons une large palette de désignations (Mortureux 1993) du terme *mutui subprime* en italien :

(2a) I   prestiti / *mutui* / immobiliari / americani "*subprime*"   americani / negli Stati Uniti / statunitensi / (negli) Usa
crediti
fondi
bond(-)

et en français :

(2b) Les   *crédits* / *prêts* / *titres* / *créances* / *emprunts*   "*subprime/s*"   à risque/s   américains / aux Etats-Unis

où les désignations ont une fonction évidente d'éclaircissement du terme. Ainsi peut-on dire qu'avec l'hybridation, les stratégies explicatives commencent en amont du terme *subprime*. La forme hybride, qui tend progressivement à se figer en italien (*mutuo subprime*) et qui n'est que temporaire en français, produit un terme à extension variable.

3.2.2. Un dispositif de désopacification du sens à extension variable

Au niveau du définitionnel, nous pouvons dégager, pour les deux langues, un schéma de reformulation de base, néanmoins susceptible de se complexifier :

(EM^8) REFORMULÉ (,) (MR^9) (REFORMULANT)
(terme)

Trois dispositifs, communs aux deux langues, "escortent" le terme *subprime*.

3.2.2.1. Dispositif avec reformulant à gauche (B → A)

REFORMULANT[10] , (/ *i cosiddetti* / *dit/s* / « / REFORMULÉ / » /)

On pose d'abord plusieurs mots qui forment une périphrase définitionnelle (comparable à celle que nous trouvons dans les glossaires) puis le *Rf*. En fait, dans aucune des deux langues et à aucun moment précis de la période analysée ce dispositif n'est privilégié par rapport à un autre. Il est cependant plus récurrent en français qu'en italien :

(3) [...] mutui più a rischio (i cosiddetti "subprime") – CdS / La crisi dei mutui non primari (*subprime*) – LaSt / [...] prestiti ipotecari a rischio, i *subprime* [...] – LaRep

(4) [...] des prêts hypothécaires à risques (dits *subprimes*) – LeFig / [...] crédits immobiliers à risque ("subprime") – LcMd / [...] prêts immobiliers à risque (les subprimes) – Libé

En italien comme en français, le *Rf* est le plus souvent apposé entre guillemets et/ou entre parenthèses et précédé d'une expression métalinguistique comme *cosiddetti* ou *dits*. Il peut également être juxtaposé, séparé du reformulant par une virgule. Si l'on observe l'évolution de ce dispositif en diachronie, on constate qu'au début de la période, il y a pointage sur la dénomination, par le

---

[8] EM : expression métalinguistique
[9] MR : marqueur de reformulation
[10] Nous appellerons "reformulé" (*Rf*) le terme, élément faisant l'objet d'une explicitation et "reformulant" (*Rfant*) la séquence "explicitante".

biais du surmarquage et/ou du marqueur autonymique : le vulgarisateur donne un "supplément d'information métalinguistique" sur la façon dont on appelle ce qu'il vient d'énoncer. C'est la compréhension du terme qui prime, on apprend en passant le mot étranger. Il y a donc là un souci pédagogique de sa part. L'aspect graphico-visuel évolue lui aussi : Nous passons, dans tous les articles, de ("subprime") à *subprime* et à subprime/s.

Évolution également au niveau du *Rfant* qui passe d'une périphrase définitionnelle assez technique (notons la présence de l'élément *rischio* en italien) à un commentaire parfois assez marqué axiologiquement (focalisé sur la nocivité des *subprimes*), vers la fin de la période analysée :

(5) [...] quelle piramidi di *crediti fittizi* che sono i subprime – CdS / [...] svalutazioni legate alla crisi dei *mutui facili* (subprime) – LaSt / [...] l'esposizione ai *mutui feccia* tipo subprime – LaRep

(6) [...] des *crédits hypothécaires intenables* (les subprime) – LeFig / [...] la dangerosité des *crédits "toxiques"* subprime – LeMd / [...] des *titres "pourris"*, en subprime [...] – Libé

3.2.2.2. Dispositif avec reformulant à droite (A →B) :

a. Le *Rfant* est introduit par une reprise anaphorique :

REFORMULÉ, / (Dém. + REFORMULANT)

Rf et *Rfant* sont liés par une reprise anaphorique : pronom ou adjectif démonstratif. En italien, la séquence reformulante peut être apposée entre parenthèses ou entre tirets ou juxtaposée après une virgule. En français, elle est moins fréquente et généralement juxtaposée. Dans les deux langues, le *Rfant* peut être éloigné du *Rf*. Cet agencement permet d'ouvrir sur un espace définitionnel plus ou moins développé. La reprise anaphorique en italien ne fonctionne qu'avec *mutui subprime* et l'emploi d'un pronom démonstratif :

(7) mutui "subprime" (quelli concessi a chi in passato si è dimostrato insolvente) – LaSt

En français, le *Rf* est toujours "subprime/s" et la reprise anaphorique se fait avec un adjectif démonstratif :

(8) Les "subprime". Ces fameux prêts immobiliers accordés aux ménages américains les moins solvables étaient inconnus du grand public il y a quelques semaines.

En italien, le *Rfant* peut être réduit au minimum et correspond alors à une sorte de complément définitionnel partiel axé sur l'élément "risque" (*quelli ad alto rischio*). Il peut aussi donner lieu à une explicitation plus développée. Avec *mutui subprime*, l'extension définitionnelle est, en quelque sorte, "répartie" à droite et à gauche du *Rf* ; en français, avec "subprime", il est totalement à droite.

Quoi qu'il en soit, l'extension vise, dans les deux langues, à focaliser sur les destinataires des "subprimes", tantôt présentés comme des victimes, tantôt comme l'une des parties responsables de la crise (en italien).

(9) Les subprimes, ces crédits immobiliers *accordés sans retenue* aux ménages américains modestes à des prix prohibitifs […] – LeFig / Ces emprunts à haut risque *qui ont mis en difficulté des centaines de milliers d'emprunteurs* aux Etats-Unis. – LeMd

(10) mutui "subprime", cioè quelli della *clientela marginale* (con gravi ripercussioni su tutto il sistema finanziario) – LaSt

b. Le *Rfant* est juxtaposé et séparé du *Rf* par une virgule ou par deux points :

REFORMULÉ, / : REFORMULANT

L'extension définitionnelle est ici tout aussi variable et tend à être très développée. C'est le dispositif le plus récurrent en italien :

(11) […] i (cosiddetti) subprime, i mutui erogati a chi non si poteva permettere le rate e poi impacchettati in maxibond e rivenduti agli investitori, per lo più attraverso le banche, gli hedge funds e i fondi. – LaSt / i "subprime", con una definizione che riassume in quattro righe la crisi finanziaria più devastante dell'ultimo mezzo secolo : "Crediti concessi a clienti ad alto rischio per basso reddito", tanto che "dopo il rialzo dei tassi molte famiglie non sono più state in grado di rimborsare i mutui, perdendo l'abitazione". – CdS

(12) Subprime. Prêts immobiliers à risque. Ce marché des prêts immobiliers à risque consentis aux emprunteurs les moins solvables, à des taux quatre fois supérieurs en moyenne aux taux standards, fait désormais

figure de spectre d'une crise économique majeure. Ce business des subprimes a connu un essor sans précèdent depuis cinq ans. – Libé

On va de "l'inconnu vers le connu" (Niklas-Salminen 2003 : 65), en donnant au mot une phrase qui lui est sémantiquement équivalente. L'expansion définitoire n'est pas sans rappeler la définition lexicographique par inclusion : le vulgarisateur désigne d'abord la classe générale à laquelle appartient le mot "défini" et spécifie ce qui le distingue des autres sous-classes de la même classe générale. En italien, quand c'est *mutui subprime* qui est glosé, c'est *prestito* en alternance avec *credito* qui relaie la reformulation. Quand on a seulement *subprime*, c'est *mutuo* qui reformule.

c. Le *Rfant* est apposé entre parenthèses :

REFORMULÉ (REFORMULANT)

(13) Mutui subprime (prestiti ipotecari concessi a clienti ad alto rischio) – CdS / Subprime (i contratti derivati legati ai mutui, ndr) – CdS / Mutui subprime (mutui concessi alle categorie meno abbienti e quindi con un elevato indice di rischio per gli istituti eroganti, ndt) – LaRep

(14) subprime (crédits immobiliers accordés aux ménages américains les moins solvables, NDLR) – LeFig / (prêts immobiliers à risque) – LeMd

Le *Rfant* présente une extension plus réduite – on rappelle, en passant, la signification du terme – comme si la définition était "compactée". A travers *ndr*, *ndt* ou *ndlr*, c'est l'instance médiatrice (traducteur ou rédaction du journal) qui, en quelque sorte, prend en charge l'élucidation du terme.

d. Le *Rfant* est introduit par un marqueur de reformulation ou une expression métalinguistique.

REFORMULÉ, / (/ MR / EM / REFORMULANT /)

Le *Rfant* est introduit par un marqueur de reformulation. C'est un dispositif assez récurrent en italien, avec un éventail varié de MR : *ossia, o, ovvero, cioè*. Nous n'avons relevé en français qu'un seul énoncé avec MR (*c'est-à-dire*).

(15) mutui subprime   (ossia a alto rischio) – CdS / (cioè ad alto rischio) – LaSt / traducete pure "di serie B" – LaSt / un'esplosione di quelli che in America chiamano i mutui "subprime", cioè destinati a fasce sociali meno ricche, e questo ha aumentato il rischio medio. – LaSt / subprime ovvero dei mutui erogati a persone con un minor grado di solvibilità – LaSt

(16) "subprimes", c'est-à-dire des hypothèques sur les marchés américains
– LeMd

L'italien et le français se distinguent pour l'emploi de MR et de ME mettant en relation le terme et le mot / l'énoncé qui l'escorte. On pointe sur le mot – presque toujours entre guillemets ou en italique – et on en donne une définition.

D'une façon générale, le dispositif "orienté à droite" permet d'apporter un supplément d'informations de contenu sur le signe. Avec la reprise anaphorique ou le MR, la densité métalinguistique est plus forte et le terme – d'ailleurs presque toujours surmarqué – est au centre de l'attention. Le MR marque l'intention du locuteur de donner ce supplément d'informations. Avec la juxtaposition et l'apposition, en revanche, on revient sur ce qui vient d'être dit par un ajout qui, sur le plan syntaxique, n'est pas nécessaire. On relève donc, au fil des discours sur le/les *subprime*, un souci de la part du vulgarisateur d'apprendre le signe au lecteur mais *subprime*, connoté comme autonyme, parle du monde : "Le terme désigne donc un objet du monde et, simultanément, se désigne lui-même" (Niklas-Salminen 2003 : 66).

3.2.2.3. Reformulant avec extension à droite et à gauche (B → A → B')

REFORMULANT '/, / « / (/ dét. / REFORMULÉ /) / », /

(/ REFORMULANT ''/) /

Certains énoncés ont une structure complexe présentant un dédoublement explicatif de part et d'autre du *Rf* :

(17) reazione a catena avviata dai mutui Usa concessi ad alto rischio ai clienti meno affidabili, i subprime. [...] Semplificando : una parte dei debitori non ha pagato le rate. I bond costruiti sui subprime sono diventati carta straccia ; gli hedge funds che li avevano in portafoglio sono falliti ; le banche che controllano gli hedge funds hanno perso profitti ; i titoli sono crollati, e dal settore finanziario l'Ors si è esteso a tutti i comparti con il classico effetto domino da panico. – LaSt

(18) Il s'agit certes d'une crise financière mais localisée dans la dette obligataire et surtout dans celle de basse qualité qui a servi à financer des opérations à fort effet de levier, de type LBO ou subprime (prêt

hypothécaire contracté par les ménages américains les moins solvables) – LeFig

Dans ce dispositif, assez typique du DVE, fonctionnant par paliers et emboîtements, le terme est en position centrale et donc "montré". On annonce d'abord sa signification, puis on lui donne une expansion définitoire qui oscille entre un souci didactique de simplification et un déploiement qui reste parfois très technique. *Subprime* est au cœur d'un véritable tourbillon explicatif à l'intérieur duquel il va pour ainsi dire "charrier" des sens et se stratifier sémantiquement[11].

4. La crise du "subprime"

4.1. Effet de réduction

Tant dans le corpus italien que dans le corpus français, *subprime* se combine dès le départ avec *la crise / la crisi*, même si c'est *subprime* qui est reformulé :

(19) la crise / des *crédits hypothécaires à risque* / aux Etats-Unis ("subprime")
(20) la crisi dei mercati, nata in estate con *la crisi dei mutui ad alto rischio americani* (i cosiddetti "subprime")

On va assister, au fil de l'évolution du mot dans le discours, à une espèce de réduction de la séquence de reformulation à son minimum :

(19') la crise / des *crédits hypothécaires à risque* / aux Etats-Unis ("subprime") → la crise du *subprime* → le/les subprime/s.
(20') la crisi / dei *mutui ad alto rischio* / americani (i cosiddetti "subprime") → la crisi dei mutui *subprime* /subprime → i/il subprime

Plus on se rapproche de 2009, moins *subprime* – combiné avec *crise* – est explicité. Ce qui est lié au fait que le terme n'est plus un élément totalement inconnu. Ainsi "crise du/des *subprime*" va-t-il être le produit de cette réduction et *subprime,* qui entre en composition avec "crise", va-t-il créer un autre terme, *la crise du/des subprime / la crisi dei (mutui) subprime.*

---

[11] /Prêt / hypothécaire / des Etats-Unis / à risque / familles modestes / etc.

Ce processus de réduction s'accompagne d'une variation de l'aspect graphico-visuel du terme qui oscille constamment entre un surmarquage et un non marquage. L'effacement progressif du surmarquage (des guillemets surtout), dans un même discours et sur l'ensemble des discours, est un indice d'intégration du terme, de "l'appropriation, en discours, par le lecteur de mots nouveaux donc de son accès au discours scientifique", dans notre cas, au discours de l'économie ; indice, diachroniquement, de l'intégration du "mot 'marginal' au code commun" (Authier 1982 : 43).

Nous constatons d'ailleurs qu'en italien *subprimes* a commencé son nomadisme – est-ce un signe de perméabilité majeure de cette langue par rapport au français ? – dans d'autres domaines, comme la politique et l'œnologie :

(21) "[…] la sinistra 'salsiccia' tipo subprime americani" […] il miracolo a sinistra è stato fatto creando una maggioranza "salsiccia ", tipo subprime americani… – LaRep / Basta quello che Giulio Tremonti chiama il centro-sinistra "salsiccia", tipo mutui subprime americani dove dentro trovi di tutto. – LaRep / […] una specie di crisi dei mutui "subprime" in versione enologica… – LaSt

4.2. De la catastrophe et de la maladie des "subprime"

Enfin, nous signalerons que, dans la composition crise + *subprime*, il va y avoir petit à petit un transfert sur le terme autonome du sens de *crise/crisi* et que *subprime* va se colorer des traits sémantiques de *crise/crisi*. C'est d'ailleurs en ce lieu que va se loger une coloration métaphorique durable. Car la mise en scène du terme *subprime* passe aussi par une alternance très dynamique de désignations de *crise* axées, dans leur grande majorité, sur la "métaphore vive" (Ricœur 1976) de la catastrophe naturelle et sanitaire. Ce que montre clairement les paradigmes désignationnels de *crise du/des subprime/s*. Y apparaissent en effet des désignations renvoyant d'abord à la catastrophe climatique : *la tourmente / cette tempête / le tsunami du/des subprime/s – l'onda lunga / la bufera / lo tsunami / la tempesta perfetta / il ciclone / il terremoto / dei mutui / « subprime »*, puis à celle de l'épidémie : *la propagation / la contamination / la contagion de la crise / des subprimes – una psicosi da contaggio / il contaggio globale / la febbre / la follia / il virus / il tumore / la metastasi / dei mutui / "subprime"*). Comme si, au cours du processus de réduction aboutissant au terme "crise des subprime", la métaphore de la catastrophe venait relayer le vide explicatif autour de *subprime*... et théorique autour de la crise :

> [elle] structure l'imaginaire contemporain. Sa justesse tient donc au fait qu'elle permette de contempler en coup d'œil une situation globale complexe. La métaphore 're-décrit' la réalité et, en ce sens, est informative. (Guennoc 2009 : 85)

Cette métaphore vient compléter l'appareil sémantico-discursif complexe qui se construit autour de *subprime*, faisant de ce dernier un mot à l'impact médiatique fort. Néanmoins, en venant ajouter à son degré très haut de technicité et d'altérité des valeurs négatives (*subprime* = ruine + catastrophe + danger), elle le transforme indéniablement, au fil de sa circulation dans les discours, en un terme indésirable tout court, une *parola non grata*. Son absence des glossaires des bourses italienne et française en est peut-être le signe le plus évident !

Références citées

Authier, Jacqueline (1982) : "La mise en scène de la communication dans des discours de vulgarisation scientifique." In : *Langue Française* 53, 34 – 47.

Authier-Revuz, Jacqueline (1995) : *Ces mots qui ne vont pas de soi : Boucles réflexives et non-coïncidences du dire*. Paris : Larousse, 2 vol. [= Collection Sciences du Langage].

Beacco, Jean-Claude (2000) : "Ecritures de la science dans les médias." In : *Carnets du Cediscor* [en ligne], 6, mise en ligne le 11 mai 2009, URL, http://cediscor.revues.org/319, 5.

Charaudeau, Patrick / Maingueneau, Dominique [Eds] (2002) : *Dictionnaire d'analyse du discours*. Paris : Seuil.

Guennoc, Jean-François (2009) : "La crise : une 'métaphore vive' – La doxa du discours éditorial." In : *Communication & Langages* 162, 75 – 89.

Jacobi, Daniel / Schiele, Bernard (1988) : *Vulgariser la science*. Seyssel : Editions Champs Vallon (Milieux).

Jacquillat, Bertrand / Levy-Garboua, Vivien (2009) : *Les 100 mots de la crise financière*. Paris : PUF. [= Que sais-je ? 3846].

Kleiber, Georges (1984) : "Dénominations et relations dénominatives." In : *Langages* 76, 77 – 94.

Le Bot, Marie-Claude / Schuwer, Martine / Richard, Elisabeth [Eds] (2008) : *La reformulation : marqueurs linguistiques, stratégies énonciatives*. Rennes : Presses Universitaires de Rennes [= Rivages linguistiques].

Lejeune, Pierre (2005) : *Discours d'experts en économie : Des notes de conjoncture de l'Insee à la rubrique économique du Monde*. Limoges : Lambert-Lucas.

Mortureux, Marie-Françoise (1982) : "Paraphrase et métalangage dans le discours de vulgarisation." In : *Langue française* 53, 48 – 61.

Mortureux, Marie-Françoise (1993) : "Paradigmes désignationnels". In : *Semen*, 8, [En ligne], mis en ligne le 6 juillet 2007.
URL : http://semen.revues.org/document4132.html.

Niklas-Salminen, Aïno (2003) : "Les emprunts et la glose." In : Steuckardt / Niklas-Salminen [Eds] (2003 : 57-72).

Peytard, Jean / Moirand, Sophie (1992) : *Discours et enseignement du français : les lieux d'une rencontre*. Paris : Hachette.

Raus, Rachele (2007) : "La terminologie des Bourses italienne et française : quelle relation à la langue anglaise ?" In : Behr, Irmtraud / Hentschel, Dieter / Kauffmann, Michel / Kern, Anja [Eds] (2007) : *Langue, économie, entreprise, le travail des mots*. Paris : Presses Sorbonne Nouvelle [= Langue, discours et société. 5-6]. 315-319.

Reboul-Touré, Sandrine (2003) : "La glose entre langue et discours." In : Steuckardt / Niklas-Salminen [Eds] (2003 : 75-91).

Ricoeur, Paul (1976) : *La métaphore vive*. Paris : Seuil. [= L'ordre philosophique. 23].

Steuckardt, Agnès / Niklas-Salminen, Aïno [Eds] (2003) : *Le mot et sa glose*. Aix-en-Provence : PUP. [= Langues et langage. 9].

Steuckardt, Agnès / Honoré, Jean-Paul (2006) : "L'emprunt et sa glose – Présentation." In : *Mots* 82, 5 – 8.

Stratégies discursives

Johanna Miecznikowski, Andrea Rocci & Gergana Zlatkova
L'argumentation dans la presse économique et financière italienne

1. Introduction

Nous nous interrogeons ici sur le rôle de l'argumentation dans les articles de journaux économiques et financiers italiens, en partant d'une double hypothèse :

> H1. L'argumentation occupe une place importante dans ce genre de discours, à tel point que l'on pourrait définir les articles de presse économique et financière (AEF) – avec peu d'exagération – comme *primairement* argumentatifs.

> H2. L'importance de l'argumentation dans les AEF peut s'expliquer, à son tour, par la place quantitativement et hiérarchiquement dominante des actes de prévision, qui les distingue nettement d'autres genres d'information dans la presse quotidienne.

Nous testerons ces hypothèses par le biais d'une analyse multi-niveaux de l'organisation sémantico-pragmatique du discours, appliquée de manière qualitative et quantitative à un corpus de textes de presse issus de quotidiens spécialisés italiens, en nous focalisant d'une part sur la structure globale des textes (section 2) et d'autre part sur les actes de prévision (sections 3 et 4).

Cette analyse s'insère dans un projet de recherche plus large consacré à la modalité et à l'argumentation dans la presse EF italienne[1], qui analyse un corpus de textes provenant des trois quotidiens EF *Il Sole 24 ore*, *Milano Finanza* et *Italia Oggi* (4.437.283 mots en total). Pour cet article, nous avons travaillé sur un sous-corpus de 97 articles tirés des sections plus spécifiquement économiques et financières des premiers deux journaux sus-mentionnés :

---

[1] Le projet, intitulé *Modality in Argumentation. A semantico-argumentative Study of Predictions in Italian economic-financial Newspapers*, est dirigé par Andrea Rocci à l'Université de la Suisse italienne et financé par le Fonds National Suisse (subside n° 100012-120740).

Sections : Il sole 24 ore	Nb. de textes	Nb. de mots	Sections : Milano Finanza	Nb. de textes	Nb. de mots
Economia italiana	15	7.497	Analisi tecnica	5	1.991
Mondo e mercati	15	7.288	Banche e banchieri	5	1.875
Finanza e Mercati	20	10.511	Media marketing & finanza	5	2.389
Finanza	10	4.865	Mercati globali	10	3.821
			articles de première page	12	5.838
Total	60	30.161		37	15.914

Tableau 1 : Composition du sous-corpus

2. Les articles de presse économiques et financiers : genre et organisation pragmatico-discursive

La première étape de l'analyse interroge l'organisation pragmatico-discursive prototypique des AEF telle qu'elle est inscrite dans un système d'attentes que l'on pourrait appeler "schéma du genre" (Bloor / Pindi 1990) ou "superstructure" (van Dijk 1988) ou "modèle textuel" (Gautier 2007). Plusieurs études sur le discours de la presse écrite ont dégagé un système d'attentes remarquablement constant. En particulier, les études de van Dijk (1988) et de Bell (1991) sur la presse de langue anglaise ont identifié un schéma arborescent, appelé respectivement *news schema* et *discourse structure,* qui articule le texte journalistique d'information sur une série d'unités linéairement et hiérarchiquement ordonnées. Les deux analyses concordent largement sur les éléments fondamentaux de ces schémas et sur leur articulation : un texte journalistique d'information (*news text*) consiste typiquement en une partie de *sommaire,* qui se compose du titre et du premier paragraphe (*lead*), d'une *histoire* ou narration, qui se compose d'un *événement principal* que l'article présente comme doué en lui-même de valeur de nouvelle, de ses *conséquences* immédiates et des *réactions verbales* qu'il suscite chez les acteurs sociaux impliqués et, enfin, des informations d'*arrière-plan* nécessaires au lecteur pour contextualiser l'événement. Selon van Dijk (1988), le sommaire et l'histoire forment la partie essentielle et obligatoire du compte-rendu. Elle peut être accompagnée ou non par un *commentaire* incluant *évaluations* et *attentes*.

Il convient d'examiner de plus près cette partie de la structure de l'article en comparant les AEF avec les articles d'information. Pour van Dijk (1988), le commentaire contient essentiellement des opinions du journaliste (ou du journal) relatives à ce qui s'est passé et des prévisions sur les développements futurs. Van Dijk (1988 : 56) observe que ces opinions sont parfois exprimées de façon indirecte et Bell (1991 : 67) admet explicitement dans cette catégorie les opinions émanant de sujets tiers mis en scène par la narration journalistique (*news actors*). Dans la pratique, il n'est donc pas toujours simple de séparer les *évaluations* de la catégorie des *réactions verbales* des protagonistes. En outre, comme les *conséquences* peuvent aussi se référer aux possibles développements de l'histoire (van Dijk 1988 : 54), elles se rapprochent parfois des *attentes*. En effet, la distinction semble relever plutôt du degré d'autonomie ou d'intégration à l'histoire que d'une distinction de types de propositions qui figurent dans ces sections. Bien qu'il soit présenté par van Dijk (1988) comme une sorte de syntaxe textuelle, ce "schéma" concerne, en réalité, la *dispositio* et la hiérarchie des unités pragmatico-discursives, c'est-à-dire des actes de langage. Le trait caractéristique de l'organisation du texte journalistique semble être une organisation descendante où l'acte dominant de rapporter une information douée de valeur de nouvelle, anticipé par le sommaire et ensuite accompli dans l'histoire au niveau de l'événement principal, occupe les premières positions, suivi par des actes subordonnés à différents degrés d'intégration.

Il est intéressant de se demander dans quelle mesure ce modèle d'organisation textuelle, où les actes de prévision se situent dans une position périphérique, se trouve restructuré dans les AEF. Les auteurs qui ont travaillé sur les AEF ne manquent pas de remarquer le rôle plus important occupé dans ce genre par les *commentaires,* et en particulier par les actes de prévisions (*cf.* par exemple Walsh 2004). Une restructuration plus radicale du schéma des articles d'information est formulée par Del Lungo-Camiciotti (1998) qui propose une structure dyadique pour les AEF, consistant en un *épisode de compte rendu*, suivi par un *épisode d'évaluation* consistant dans une *évaluation* de ce qui s'est passé et des *prévisions* des développements futurs. Del Lungo met en relation cette structure avec le schéma générique des rapports issus des banques centrales et d'autres institutions financières analysés par Bloor / Pindi (1990), où l'épisode de compte rendu, qui présente l' "état des lieux" du domaine économique ou financier concerné, est subordonné à un *épisode de prévision* où l'institution présente des prévisions sur la base de simulations fondées sur des modèles économiques. Selon Del Lungo (1998), l'AEF se distinguerait du rapport financier par le rôle plus important qu'y occupe l'évaluation par rapport à la prévision. En outre, Del Lungo (1998) compare l'AEF avec les lettres envoyées aux investisseurs par les gérants de fortunes. Ces dernières s'articulent également en un épisode de compte rendu et un épisode d'évaluation, mais débouchent sur une recommandation explicite aux investisseurs, qui serait absente des textes journalistiques. L'analyse de Del Lungo, qui porte sur l'anglais, fournit une première hypothèse de travail pour explorer le corpus d'articles de la presse financière italienne. Un point important à retenir de son approche est la nécessité de comparer les AEF soit avec d'autres genres journalistiques, soit avec les genres liés à ce que l'on peut appeler le champ d'interaction (*cf.* Rigotti / Rocci 2006) de la finance, exemplifiés ci-dessous :

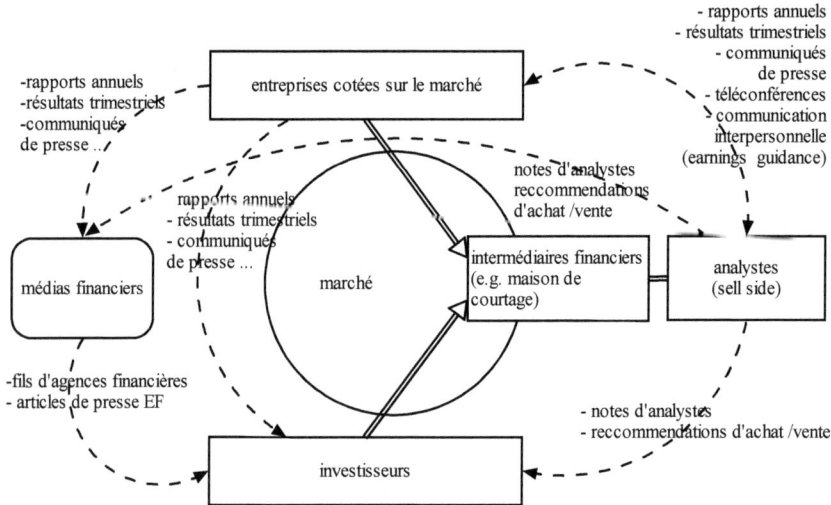

Figure 1: Le champ d'interaction des marchés financiers : courants d'information et genres de discours.

Un aspect relativement peu développé dans l'analyse de Del Lungo (1998) et qu'il est essentiel d'éclaircir ici touche à la nature exacte du rapport entre *prévision* et *évaluation* qu'elle envisage comme relevant de la subordination. Nous faisons l'hypothèse que ce rapport est de nature argumentative, l'acte de prévision jouant le rôle d'argument décisif dans l'étayage de l'acte d'évaluation – de façon comparable, d'ailleurs, au cas des rapport financiers, où l'on trouve des "prévisions instrumentales" (Merlini 1983 : 14, 19-20) qui justifient l'acte directif de recommander une démarche de politique économique.

Cette hypothèse met en perspective les actes de prévision dans deux directions : d'une part, en aval de l'acte de prévision vers des actes d'*évaluation* / de *recommandation* ; d'autre part, en amont de cet acte, en examinant les conditions évidentielles qui permettent de licencier une prévision. Dans cette section, nous adoptons la première perspective qui est étroitement liée à la question de l'organisation pragmatico-discursive globale des AEF.

Un examen du rôle des actes de prévision dans l'organisation globale des textes du corpus fait apparaître une certaine variété de configurations que l'on pourrait situer sur une échelle d'argumentativité correspondant en même temps à un rôle de plus en plus central de la prévision, élément qui est présent, par ailleurs, dans tous les textes interrogés.

À une extrémité de l'échelle, les prévisions sont subordonnées en tant que réactions ou commentaires à un événement principal rapporté par l'article. Cette configuration, relativement fréquente dans les articles concernant l'économie nationale, est illustrée en (1) où le titre met en évidence l'événement principal tandis que la catégorisation "Les analyses et les réactions" rend explicite le rôle joué par les prévisions rapportées :

(1) Titre : L'inflazione risale al 2,2%
[…] Le analisi e le reazioni. Per l'Isae, l'aumento di aprile è legato alla dinamica dei prezzi petroliferi e nell'immediato futuro l'evoluzione complessiva dell'inflazione continuerà ad essere fortemente condizionata dall'andamento del prezzo del petrolio'.[2] (*Il Sole 24 Ore*, 29.04.2006, doc. 62)

---

2   L'inflation remonte à 2,2%. Analyses et réactions. Selon l'ISAE, l'augmentation en avril est liée à la dynamique des prix du pétrole et l'évolution globale de

À l'autre extrémité de l'échelle, où se situe la plupart des AEF du corpus, et particulièrement les plus proches des activités proprement financières d'investissement, la prévision joue un rôle tout à fait différent, illustré en (2) :

> (2) Titre : Wall Street alla prova dei profitti: Gli analisti ora sono cauti nelle stime per il secondo trimestre e prevedono un rallentamento nei rialzi dei titoli.[3]
>
> Sous-titre: Negli Stati Uniti i giudizi positivi sono concentrati sul settore energia – L'Europa verso una rotazione settoriale – Stime Usa: crescita media per gli utilii dell'11%.[4]
>
> Texte du deuxième paragraphe : Se l'avvio d'anno e stato beneaugurante, per il secondo trimestre le prospettive appaiono piu incerte anche se nessuno sembra credere a uno scenario da scoppio della bolla speculativa come invece accadde proprio nel 2000. Gran parte dei commentatori sono convinti che Wall Street continuera a correre nel breve periodo e quasi certamente in aprile, che è storicamente il mese migliore per il Dow Jones.[5]
>
> (*Il Sole 24 Ore*, 02.04.2006, doc. 47)

L'article cité en (2) ne relate aucun événement principal, mais présente un panorama des bourses américaines et européennes par rapport à une échéance du calendrier financier : la fin du premier trimestre de l'année. Le premier paragraphe présente des chiffres relatifs au trimestre déjà achevé, et introduit une série de pronostics du développement futur des marchés. Le deuxième paragraphe contient des prévisions à court terme et en particulier sur le mois à venir. L'article répond de façon différenciée à la question de savoir si la situation

---

l'inflation dans l'avenir immédiat continuera à être fortement influencée par les prix du pétrole.

[3] Wall Street à l'épreuve des bénéfices : Les analystes sont désormais prudents dans leurs estimations pour le deuxième trimestre et s'attendent à un ralentissement de la hausse des valeurs mobilières.

[4] Aux États-Unis les jugements positifs sont concentrés sur le secteur de l'énergie – L'Europe vers une rotation sectorielle – Estimations Etats-Unis : une croissance moyenne des bénéfices de 11%.

[5] Si le début d'année a été prometteur, les perspectives pour le deuxième trimestre sont plus incertaines, même si personne ne semble croire à un scénario d'éclatement de la bulle spéculative, comme on l'a eu en revanche justement en 2000. La plupart des commentateurs est convaincue que Wall Street continuera à bien marcher à courte échéance et assez certainement en avril, historiquement le meilleur mois de l'année pour le Dow Jones.

actuelle est propice aux investissements en défendant la thèse centrale que cette situation est assez favorable mais qu'il convient d'être prudent. Les prévisions occupent une position charnière dans l'architecture du texte. Elles fonctionnent comme arguments principaux pour une *évaluation* moyennement positive de la situation des marchés, qui, à son tour, implique un *conseil* de prudence :

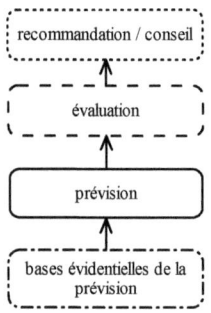

Figure 2 : Hiérarchie d'étayage argumentatif dans les AEF

Le texte semble donc réaliser la partie supérieure de la hiérarchie d'étayage argumentatif représentée ci-dessus. Quant à sa partie inférieure – l'étayage de la prévision – dont il sera question plus en détail dans les sections suivantes – il suffit d'examiner de plus près le texte en (2) pour en trouver des traces : de l'argument d'autorité (*nessuno sembra credere a [...], Gran parte dei commentatori sono convinti che [...]*) à l'extrapolation du passé vers le futur qui justifie le pronostic pour le mois d'avril (*che è storicamente il mese migliore per il Dow Jones*).

Si certains AEF conservent une partie substantielle consacrée au récit d'un événement récent, pour d'autres cet événement ne semble jouer qu'un rôle de prétexte capable de fournir un point d'ancrage à l'article. Dans de tels cas, les paragraphes initiaux des AEF se présentent comme une sorte de *narratio* rhétorique préalable à la partie proprement argumentative centrée sur la prévision. Ce type d'organisation se trouve en particulier dans les articles plus techniques, comme ceux qui sont publiés dans des sections consacrées à l'"analyse technique" et à l'"analyse fondamentale".

On pourrait se demander pourquoi les évaluations, et éventuellement les recommandations, qui dominent dans la hiérarchie argumentative des AEF semblent se fonder, de manière décisive, sur des actes de prévision. Un élément de réponse se dégage de la manière dont ces textes s'insèrent dans le champ d'interaction des marchés financier (*cf.* Fig. 1). Les AEF s'adressent à un public de lecteurs-investisseurs – le journal *Milano Finanza* se proclame explicitement sur son site web être un journal "pour les investisseurs". Les évaluations et recommandations que l'on trouve régulièrement dans les AEF servent en effet à de potentielles prises de décisions à propos d'investissements. Or, ce type de décision se caractérise – contrairement, par exemple, à la décision de consommation – par le fait qu'elles dépendent principalement de l'évolution future de la valeur d'échange d'un bien à l'intérieur de l'horizon temporel de l'investissement. Cette orientation vers le futur et la réduction des incertitudes (Barone-Adesi 2002) est ainsi confirmée par toute la communication destinée aux investisseurs émanant des entreprises cotées, par exemple par les communiqués de presse sur les résultats trimestriels (McLaren-Hankin 2008). Dans ce contexte spécifique de prise de décision, c'est la formulation d'une prévision qui représente – comme le soutient Merlini (1983 : 25) à propos de l'argumentation des économistes – le "dénouement" du parcours argumentatif.

3. La prévision dans les articles de presse économiques et financiers : analyse qualitative et quantitative

L'importance des prévisions dans les AEF est confirmée par une série de données quantitatives relevées sur l'ensemble du sous-corpus, qui devront être complétées, dans une phase ultérieure, par une comparaison avec des échantillons d'articles appartenant à d'autres genres textuels. Dans l'analyse, nous sommes partis d'une définition pragmatique de l'acte de prévision (3.1.), pour ensuite déterminer en deux étapes (3.2. et 3.3.) la fréquence des énoncés exprimant cet acte ainsi que leur distribution dans les diverses sections du texte journalistique.

3.1. Définition

Dans le cadre de la typologie searléenne des actes de langage, les prévisions peuvent être définies comme des actes assertifs portant sur le futur :

> To predict is to assert with the propositional content condition that the propositional content is future with respect to the time of utterance and the additional preparatory condition that the speaker has evidence in support of the proposition. Evidence is a special kind of reason. (Searle / Vanderveken 1985 : 186)

Selon la typologie de Sbisà (1989), d'inspiration austinienne, qui réunit dans une seule classe les assertions searléennes et d'autres actes comme les sentences ou les jugements moraux, les prévisions seraient à considérer comme des actes *verdictifs* portant sur le futur. Dans les deux perspectives, il s'agit d'un type d'acte qui met en jeu la vérité de son contenu propositionnel, plus précisément la future correspondance entre un état de choses imaginaire et le monde factuel sur laquelle le locuteur s'engage de façon plus ou moins décidée. A la différence d'autres types d'actes, non-assertifs, portant sur le futur (tels les promesses, les ordres ou les souhaits), l'état de choses en question est construit comme se situant en dehors de la sphère d'action, de contrôle et de volonté du locuteur et de l'interlocuteur ; en revanche, l'acte présuppose des indices ou preuves ("evidence"), un *savoir* du locuteur qui le rend "compétent" (Sbisà 1989 : 123-124) à accomplir l'acte et justifie son engagement assertif. Dans une perspective linguistique, ce savoir peut être considéré comme une base évidentielle ou source d'information ; base évidentielle nécessairement "indirecte" (*cf.* Willett 1988) dans le cas des assertions portant sur le futur.

3.2. Référence à des états de choses situés dans l'avenir

Sur la base de cette définition, la première étape de l'analyse empirique a consisté en l'identification des références à des éventualités futures. L'ensemble des occurrences repérées à ce stade inclut à la fois des propositions avec verbe et sans verbe. Les premières contiennent souvent des morphèmes ou lexèmes fonctionnant, en contexte, comme indices d'une référence future : par exemple des compléments et adverbes temporels, le temps verbal 'futur', certains verbes modaux et les protases et apodoses hypothétiques à interprétation potentielle. Ainsi en (3), la référence future est indiquée conjointement par le complément circonstanciel *entro tre mesi* et par le verbe modal *devoir* au conditionnel (*dovrebbe*):

> (3) Entro i prossimi tre mesi la Thailandia dovrebbe centrare l'obiettivo della firma di un accordo di libero scambio con il Giappone.[6] (*Il Sole 24 ore*, 18.04.2006, section *Mondo e mercati*, doc. no 91)

Dans le cas des propositions nominalisées, en revanche, c'est souvent le co-texte qui confère une interprétation future. Ainsi *un +6,5%* en (4) est interprétable comme se référant au futur (*on aura +6,5% à la fin de 2006*) grâce à sa phrase matrice :

> (4) Ma intanto l'economia continua a crescere: il Pil è aumentato in media del 9% nel periodo 2003-2005 e per il 2006 le previsioni minime indicano un +6,5%.[7] (*Il Sole 24 ore*, 18.04.2006, section *Mondo e mercati*, doc. no 85)

Ont été exclues du comptage, enfin, les implicatures portant sur le futur, comme dans le cas de *l'economia continua a crescere* ci-dessus (4). La construction progressive avec verbe de phase – 'continue à croître' – constate la croissance dans un intervalle qui inclut des moments passés ainsi que t_0. Elle suggère, en outre, grâce à une extrapolation qui rend le texte plus informatif, que la croissance puisse continuer dans l'avenir. Mais ce genre de suggestion est effaçable et doit être considéré comme une implicature. Dans cet extrait, l'implicature est consolidée grâce aux "prévisions minimales" rapportées dans l'énoncé suivant ; dans d'autres cas, le journaliste laisse ouverte la possibilité que le processus observé s'interrompe ou exprime des doutes sur sa continuation future. Cette première étape a permis de repérer 1.170 occurrences distribuées sur les 97 textes du sous-corpus, c'est-à-dire une douzaine par texte en moyenne.

---

[6] Au plus tard dans trois mois, la Thaïlande devrait atteindre l'objectif de la signature d'un accord de libre-échange avec le Japon.

[7] Mais entretemps, l'économie continue à croître : le PIB a augmenté de 9% en moyenne dans la période 2003-2005, et pour 2006 les prévisions minimales indiquent +6,5%.

3.3. Prévisions

Le deuxième volet de l'analyse a consisté en l'identification des énoncés exprimant un acte de prévision. À ce niveau, l'unité d'analyse a été l'acte de discours, dont la manifestation formelle est (a) la proposition en tant que domaine maximal des relations de liage (*cf.* Béguelin 2002) et donc unité particulièrement connexe et cohérente, ou éventuellement (b) une partie de proposition signalée par le journaliste comme unité autonome à toutes fins pratiques grâce à l'usage de la ponctuation (en premier lieu du point final). Conformément à la définition adoptée plus haut, nous avons annoté comme prévisions les énoncés contenant au moins une référence à un événement futur construit comme se situant en dehors du domaine de contrôle de l'auteur et du lecteur. Ainsi, l'extrait (3), par exemple, équivaut à une prévision ; en (4) la dernière proposition (*per il 2006 le previsioni minime indicano un +6,5%*) a été considérée comme une prévision. Dans d'autres cas, l'énoncé en question est syntaxiquement plus complexe, consistant par exemple en une prévision accompagnée d'arguments ou d'expansions diverses sous forme de phrases subordonnées. Les résultats de cette analyse sont résumés dans le tableau 2 :

Sections	Nb.	Nb. mots par type de section	Prévisions			
			Nb.	Nb. de mots	Nb. d'occ. /1000 mots	% en nb. de mots
Titres	97	1.467	55 (8.4%)	529	37.5 / 1000	36.0%
Sous-titres	55	886	30 (4.6%)	316	34.0 / 1000	35.0%
1er paragraphe	97	9.477	123 (18.7%)	3.074	13.0 / 1000	32.5%
Reste du texte	92	31.176	450 (68.3%)	11.177	14.5 / 1000	36.0%
Non identifiable			2	33		
Total		43.006	660 (100%)	15.129		35.0%

Tableau 2 : Les prévisions dans le sous-corpus de 97 articles économiques et financiers

Le corpus contient 660 prévisions. Ce chiffre est inférieur à celui des références à un événement futur, à la fois parce qu'une petite quantité de ces dernières fait partie d'autres types d'actes et parce que certaines prévisions font référence à plus d'un événement futur. Équivalent à environ sept prévisions par texte, il confirme toutefois clairement l'hypothèse d'une présence systématique de cet acte dans l'article de presse économique et financière. Cette conclusion est corroborée par les données concernant la longueur des prévisions et la part des textes qu'elles occupent : en termes de nombre de mots, un tiers environ des textes du corpus (35%) consiste en des prévisions.

Un autre résultat intéressant concerne les parties des textes dans lesquelles on trouve des prévisions. Elles sont distribuées de façon assez homogène dans les titres, les sous-titres, le premier paragraphe du texte et le reste du texte, avec une fréquence majeure sur 1.000 mots dans les titres et sous-titres qui est due au style télégraphique de ces sections de l'article, alors que la part du texte occupée en moyenne en termes de nombre de mots est plus ou moins équivalente dans les différentes sections. Ce qui est remarquable est le fait qu'une partie consistante de prévisions figure donc dans les titres (55 occ.) et dans les sous-titres (30) ; en effet, 57 articles sur 97 contiennent une prévision dans le titre, dans le sous-titre ou dans les deux. Étant données les fonctions particulières des titres, ce résultat confirme nos hypothèses : dans une bonne partie des textes les prévisions occupent une position haute dans la hiérarchie textuelle.

4. Types de prévision, domaines d'expertise et lieux argumentatifs

Comme nous l'avons anticipé dans la section 2, les prévisions se trouvent au centre d'une argumentation qui évalue des acteurs et des objets économiques en les inscrivant dans une trajectoire, ou plusieurs trajectoires possibles, du passé récent vers le futur – trajectoire dont la projection dans le futur se fait grâce à un processus inférentiel qui peut être explicité et génère ainsi des expansions à leur tour argumentatives et justificatrices.

Quels sont donc les types de raisonnement sur lesquels se fondent les prévisions dans ce genre textuel ? Contrairement au discours économique plus spécialisé, les prévisions que l'on trouve dans la presse financière couvrent un large éventail de types de raisonnement, parfois d'ailleurs co-présents : des prévisions formalisées, basées sur des méthodes statistiques et sur l'application de modèles de l'économie, à celles qui n'ont pour base que la rumeur circulant dans des milieux d'*insiders* que l'on suppose bien informés (à ce propos il est intéressant de noter, par exemple, que le *Wall Street Journal* a une rubrique, très suivie, intitulée "Heard on the Street", *cf.* Pound / Zeckhauser 1990). De plus, dans la "jungle" (*cf.* Lopez Muños *et al.* 2005) polyphonique du discours journalistique, où les auteurs accordent beaucoup d'espace aux voix de témoins et d'experts, la base évidentielle originelle d'une prévision, éventuellement de nature formelle, peut se perdre (totalement ou partiellement) en cours de route et être remplacée par un argument d'autorité fondé sur la crédibilité de l'expert.

Nous allons explorer ici partiellement cette variété d'arguments et de configurations argumentatives en nous focalisant sur les diverses relations logico-sémantiques sous-jacentes entre le contenu propositionnel de l'argument et le contenu propositionnel de la conclusion. Nous nous servirons du modèle AMT, présenté par Rigotti (2009), qui offre une théorie et une typologie des lieux argumentatifs (*loci* ou *topoï*) hérités de la tradition ancienne et médiévale des Topiques, qui sont revisités à la lumière de la recherche contemporaine sur les schémas argumentatifs.

4.1. Prévisions économiques basées sur des modèles formels

Certaines prévisions relayées par les AEF se basent, à l'origine, sur des méthodes statistiques et sur l'application de modèles économiques formalisés. Il s'agit de prévisions provenant des banques centrales, de grandes banques privées et d'autres institutions capables de faire des enquêtes et des recherches systématiques, et qui portent sur des événement économiques de portée générale tels que les variations de l'inflation, la croissance du PIB d'un pays ou les perspectives de développement d'un secteur industriel. Or, la base évidentielle de ce genre de prévisions ne peut, par sa nature formelle et technique, figurer comme argument explicite dans le texte journalistique. Tout au plus peut-elle être mentionnée ou évoquée ; souvent elle est complètement effacée. L'extrait (3) discuté plus haut en est un exemple : il n'y a pas moyen de reconstruire le raisonnement ni les indices sur lesquels se base la prévision minimale d'une croissance de +6,5% du PIB.

Dans d'autres cas, des fragments de raisonnement économique, exprimés en termes informels, accompagnent la présentation d'une prévision formelle issue d'une institution officielle. C'est le cas en (5) contenant une prévision faite par la Banque centrale de Bulgarie :

> (5) Le previsioni per il resto dell'anno sono inoltre confortanti: il miglioramento del saldo commerciale dovrebbe infatti proseguire anche nei prossimi mesi, e la ragione principale saranno le esportazioni fatte a seguito degli investimenti esteri effettuati nel Paese.[8] (*Il Sole 24 ore*, 18 avril 2006, rubrique *Mondo e mercati*, doc. n° 84)

Le fragment de raisonnement textuellement disponible évoque ici un lieu argumentatif causal (l'amélioration de la balance commerciale est causée par l'augmentation des exportations, qui sont à leur tour une conséquence des investissements étrangers). L'argumentation causale, fréquente dans le corpus, n'est pourtant pas suffisante en elle-même, dans ce passage, à justifier entièrement la prévision – le journaliste n'énonce d'ailleurs qu'une raison parmi d'autres (*la ragione principale saranno [...]*). En fin de compte, la prévision repose sur le lieu indirect de l'autorité de la Banque centrale de Bulgarie, alors que le raisonnement économique qui conduit à la conclusion reste largement un *black box* argumentatif (Jackson 2008).

4.2. Raisonnement économique informel et causalité

Le lieu argumentatif causal figure aussi dans des raisonnements fondés sur des lois économiques élémentaires, ou même sur des chaines de causalité physique, dans des contextes où l'existence d'un modèle formel fondant la prévision n'est

---

[8] Les prévisions pour le reste de l'année sont encourageantes : l'amélioration de la balance commerciale devrait se poursuivre dans les mois à venir et la raison principale sera représentée par les exportations faites à la suite d'investissements étrangers réalisés dans le pays.

pas évidente. Ce cas est illustré par (6), où nous ne pouvons pas savoir dans quelle mesure le raisonnement, qui est attribué ici à un analyste financier, est la vulgarisation d'un raisonnement d'expert plus formel :

> (6) L'aumento dei tassi e la maggiore severità delle politiche monetarie significano, in ultima analisi, minori risorse a basso costo disponibili per gli investimenti finanziari. E, quindi, possibile sofferenza – o almeno blocco della crescita – per i listini azionari.[9] (*Il Sole 24 ore*, 10.04.2006, rubrique *Finanza*, doc. n° 170)

4.3. L'analyse technique et la concomitance

D'autres prévisions se situent en revanche exclusivement dans le domaine d'événements purement financiers. C'est le cas de la soi-disante analyse technique, qui cherche à prévoir les mouvements des marchés financiers et des prix de titres individuels à partir du développement de ce même prix ou indicateur dans le passé, sans prendre en compte les données de l'économie réelle sous-jacente. L'analyse technique, qui se sert d'un langage quelque peu ésotérique, base ses prévisions sur une série de configurations des courbes représentant les mouvements de prix – comme "tête-épaule" ou "tête-épaule inversée". Celles-ci sont décrites à l'aide de notions techniques comme celles de "support" ou de "résistance", qui fonctionneraient comme des signaux des mouvements successifs. Dans ce genre de raisonnement, il n'est pas question de causalité, le lieu argumentatif étant plutôt celui de la pure concomitance du signe et du mouvement attendu :

> (7) Lafarge infine ha già superato il limite imposto dal lato superiore del canale disegnato dai minimi del 2003, resistenza messa alla prova una prima volta a febbraio e poi superata con maggiore convinzione nell'ultima parte di marzo. Se le quotazioni sapranno mantenersi nelle prossime

---

[9] L'augmentation des taux d'intérêt et du resserrement des politiques monétaires signifie, en définitive, moins de ressources à faible coût pour les placements financiers. Et, par conséquent, une possible souffrance – ou au moins un retardement de la croissance – sur les marchés boursiers.

settimane sopra i 90 € il target a medio termine verrebbe individuato intorno ai 102 €.[10] (*Il Sole 24 ore*, 10.04.2006, rubrique *Finanza*, doc. n° 164)

4.4. L'argument d'autorité et le consensus

Les lieux argumentatifs illustrés jusqu'ici – et d'autres lieux moins fréquents encore, comme par exemple celui de l'analogie qui exploite des précédents historiques pour formuler des prévisions – se combinent souvent avec une argumentation indirecte fondée sur le lieu de l'*autorité de l'expert*, comme nous l'avons vu à propos de (5). Il est intéressant de constater que ce type d'argument est parfois développé ultérieurement, par exemple lorsque l'argument d'autorité est renforcé par l'argument du *consensus* des experts :

(8) L'attività di *merger and acquisitions* sta sostenendo l'attuale buona impostazione dei listini, ma fra qualche mese il prosciugamento della liquidità internazionale potrebbe imporre lo stop alla crescita delle Borse. E, a quel punto, è ipotizzabile – la maggioranza degli analisti tecnici e fondamentali è d'accordo – l'avvio di una fase laterale.[11]

5. Conclusion

Dans cet article, nous avons présenté une étude du genre des AEF en italien qui en montre l'organisation argumentative. Celle-ci est différente des genres argumentatifs prototypiques de la presse écrite tels que la prise de position éditoriale ; souvent, en effet, les AEF cachent une architecture argumentative sous les apparences d'un compte rendu rapportant un événement et l'expression

---

[10] Lafarge enfin a déjà franchi la limite marquée par le côté supérieur du canal dessiné par les minimums de 2003, une résistance mise à l'épreuve une première fois en février et puis franchie avec plus de conviction dans la dernière partie du mois de mars. Si les cotations savent se maintenir au dessus de 90 € pendant les prochaines semaines, le target à moyen terme serait établi autour des 102 €.

[11] L'activité des fusions et des acquisitions soutient la bonne performance actuelle des marchés boursiers, mais dans quelques mois l'assèchement de la liquidité internationale pourrait imposer un arrêt à la croissance des bourses. Et dans ce cas on peut imaginer – la plupart des analystes fondamentaux et techniques est d'accord – le début d'une phase latérale.

de la thèse défendue sous la citation de l'opinion d'un expert. Elle devient intelligible si on part l'acte de prévision, qui est à la fois argument décisif pour étayer des actes d'évaluation et de recommandation portant sur les décisions d'investissement, et conclusion incertaine et problématique, étayée par une variété de raisonnements relevant tant de l'expertise économique scientifique et professionnelle que du sens commun.

Les résultats présentés ici sont en quelque mesure initiaux et laissent ouvertes plusieurs questions cruciales sur lesquelles nous espérons intervenir dans des travaux successifs. D'une part, la question du modèle textuel sous-jacent aux AEF devrait encore être approfondie pour vérifier dans quelle mesure il est possible de repérer plusieurs types distincts d'organisation textuelle sur l'échelle d'argumentativité que nous avons mise en évidence. Une autre piste à suivre concerne le problème des AEF comme textes de vulgarisation (Gautier 2007) en relation avec les différentes formes de raisonnement employées (*topoï*, *loci*) et avec l'appui sur l'autorité de l'expert.

Références citées

Barone-Adesi, Giovanni (2002) : "The Role of Inside Information. Financial Disclosure and Value Creation." In : Russ-Mohl, Stephan / Fengler, Susanne [Eds] (2002) : *Business Journalism, Corporate Communications, and Newsroom Management*. Lugano : Università della Svizzera Italiana. 63 – 68.

Béguelin, Marie-Josée (2002) : "Clause, période, ou autre ? La phrase graphique et la question des niveaux d'analyse." In : Charolles, Michel / Le Goffic, Pierre / Morel, Mary-Annick [Eds] (2002) : *Y a-t-il une syntaxe au-delà de la phrase ?* Actes du Colloque de Paris 3-Sorbonne Nouvelle, 21-22 septembre 2000. [= Verbum XXIV/1-2]. 85 – 107.

Bell, Allan (1991) : *The language of news media.* Oxford : B. Blackwell. [= Language in society. 16].

Bloor, Thomas / Pindi, Makaya (1990) : "Schematic structures in economic forecasts." In : Dudley-Evans, Tony / Henderson, Wille [Eds] (1990) : *The Language of Economics: The Analysis of Economics Discourse.* Modern English Publications in association with the British Council. 55 – 66.

Del Lungo Camiciotti, Gabriella (1998) : "Financial news articles and financial information letters: a comparison." In : Bondi, Marina [Ed.] (1998) : *Forms of argumentative discourse. Per un'analisi linguistica dell'argomentare.* Bologna : CLUEB. 195 – 205.

Gautier, Laurent (2007) : "Linéarisation et expressivité dans un type de texte spécialisé : le compte rendu boursier." In : Paulin, Catherine [Ed.] (2007) : *La fonction expressive. Volume 1.* Besançon : Presses Universitaires de Franche Comté. [= Recherche en linguistique. 25]. 39 – 52.

Jackson, Sally (2008) : "Black Box Arguments." In : *Argumentation* 22, 437 – 446

Lopez Muños, Juan Manuel / Marnette, Sophie / Rosier, Laurence [Eds] (2005) : *Dans la jungle des discours : genres de discours et discours rapporté.* Cádiz : Servicio de Publicaciones de la Universidad de Cádiz.

McLaren-Hankin, Yvonne (2008) : "We expect to report on significant progress in our product pipeline in the coming year: hedging forward-looking statements in corporate press releases." In : *Discourse studies* 10/5, 635 – 654.

Merlini, Lavinia (1983) : *Gli atti del discorso economico : La previsione. Status illocutorio e modelli linguistici nel testo inglese.* Parma : Edizioni Zara – Università di Parma.

Pound, John / Zeckhauser, Richard (1990) : "Clearly Heard on the Street: The Effect of Takeover Rumours on Stock Prices." In : *Journal of Business* 63/3, 291 – 308.

Rigotti Eddo (2009) : "Whether and how Classical Topics can be Revived within Contemporary Argumentation Theory." In : van Eemeren, Frans / Garssen, Bart [Eds.] (2009) : *Pondering on Problems of Argumentation. Twenty Essays on Theoretical Issues.* Dordrecht : Springer. [= Argumentation Library. 14]. 157 – 178.

Rigotti, Eddo / Rocci, Andrea (2006) : "Towards a definition of communication context." In : *Studies in Communication Sciences* 6/2 (Anniversary Issue), 155 – 180.

Sbisà, Marina (1989) : *Linguaggio, ragione, interazione: Per una Teoria pragmatica degli atti linguistici.* Bologna : Il Mulino.

Searle, John / Vanderveken, Daniel (1985) : *Foundations of illocutionary logic.* Cambridge : Cambridge University Press.

van Dijk, Teun (1988) : *News as discourse*. Hillsdale, New Jersey : Lawrence Erlbaum Associates Publishers.

Walsh, Polly (2004) : "Investigating prediction in financial and business news articles." In : Facchinetti, Roberta / Palmer, Frank [Eds] (2004) : *English modality in perspective: genre analysis and contrastive studies*. Frankfurt am Main : Peter Lang. [= English corpus linguistics. 1]. 83 – 100.

Willett, Thomas (1988) : "A cross-linguistic survey of the grammaticalization of evidentiality." In : *Studies in Language* 12, 57 – 91.

Rudi Palmieri & Camilla Palmieri

Text types, activity types and the genre system of financial communication

1. Introduction

The specific topic of this volume is strongly interesting for the authors of the present paper, who are studying the role of one of the forms of financial disccourse, namely financial argumentation. For several years their research has been devoted mainly to the study of argumentative discourse – a specific form of communication in which reasons are given for supporting a not immediately accepted standpoint – in the specific context of finance[1].

In general, argumentation can neither be reduced to formal logic nor to abstract reasoning (*cf.* van Eemeren 2003; Rigotti / Greco Morasso 2009a). In fact, argumentation always occurs within communicative interactions, in particular where concrete decisions must be made. As such, argumentation entertains a constitutive, mutually-influencing, relationship with its context, since different contexts involve decisions concerning different issues and give rise to different shared premises and values from which a certain decision may be argued for

---

[1] The authors are participants of the doctoral school "Argupolis-Argumentation practices in context", financed by the Swiss National Science Foundation (Grant: PDAMP1-123089). Within Argupolis, argumentative discourse is studied by considering numerous fields, including family, corporation, media, politics, education. The authors conduct research specifically in financial argumentation, analyzing and evaluating argumentative interactions in different activities of the financial markets, such as takeover proposals (Palmieri 2008a), analysts conference calls (Palmieri 2008b), corporate statements (Palmieri 2009; Rigotti & R. Palmieri 2010) and are involved in two research projects financed by the Swiss National Science Foundation. Camilla Palmieri's project (Grant: PDAMP1-123089) considers the role of argumentation in the prevention and possible resolution of conflicts between corporate managers and shareholders. Rudi Palmieri is relevantly involved in an SNF-financed interdisciplinary research, which studies the argumentative practices adopted by Swiss banks in order to manage the confidentiality-reporting dilemma (Reinle 2007) entailed by laws combating Money Laundering and Terrorism Financing (*cf.* Cottier & Palmieri 2008).

(Rigotti 2006, van Eemeren 2010). For example, the decision whether to publicly rescue a troubled company is different from the decision whether to make a surgical operation, as different goals, priorities, responsibilities, rules, facts and knowledge are at stake. Thus, argumentation theory is being increasingly concerned with the integration of the contextual dimension into the analysis of actual arguments, performed in concrete fields of interaction, such as courts, educational settings, parliaments, business organizations, financial markets (*cf.* Rigotti / Greco Morasso 2009b). In this regard, our research activity is driven by the question of how argumentation intervenes specifically in finance for realizing the crucial goals pursued by people as inter-agents of a financial activity. In relation to this purpose, an understanding of finance as a communication context is crucial in order to elicit the properly argumentative interactions involved and the textual genres through which such interactions are realized.

In this paper we try to characterize financial discourse and to specify its various text types, moving from a definition of the financial context, in which financial market is reconstructed as communication context. We refer as main framework to the model of communication context introduced by Rigotti / Rocci (2006a) – henceforth R&R. This model centers on the notion of interaction field, which defines, to put it with Bhatia (2002: 6), the discourse community members (*players*) and the institutionalized community goals (*purposes*). In section 2, R&R's model is briefly exposed and then adopted to reconstruct the financial context; in section 3 we propose our tentative taxonomy of text types; in section 3 we consider takeover bids as an illustrative example of the function fulfilled by these interrelated texts in financial activities. Section 4 concludes.

2. Defining the context of financial communication

Communication context and text types (or speech genres) are substantially connected. Despite some differences among the traditions of genre theory[2], all

---

[2] Within genre theory, three schools are usually distinguished (*cf.* Hyon 1996; Hyland 2002): New Rhetoric, Systemic Functional Linguistics (SFL), English for Special Purposes (ESP).

of them emphasize the contextualized nature of discourse genres, by which "genre analysis is often viewed as the study of situated linguistic behavior" (Bhatia 2002: 4). Indeed, this relation was remarked, in his seminal works, already by Bakhtin (1986: 60):

> All the diverse areas of human activity involve the use of language. Quite understandably, the nature and forms of this use are just as diverse as are the areas of human activity. [...] Each sphere in which language is used develops its own relatively stable types of these utterances. These we may call speech genres.

As we shall see, by exploring the sphere of finance, numerous text types emerge which give rise to a proper system of genres (Bazerman 1994). Indeed, we conceive financial discourse as a genre system, that is a set of interrelated text types which refer to, or even coincide with, specific *activity types* performed in the *interaction field* of the financial market.

2.1. A model of communication context

According to R&R (2006a), an activity type[3] consists in the mapping of an *interaction scheme* onto a piece of institutional reality, called *interaction field*, which is defined by the interagents' shared goals and mutual commitments. Interaction schemes are "culturally shared 'recipes' for interaction" (R&R 2006a: 172) such as deliberation, negotiation, advice, problem-solving, mediation, information-giving, etc. They should be seen as *virtual* practices, because in order to constitute real activities they must be performed into an *actual* social reality (as defined by Searle (1995)) – the interaction field – where real purposes and commitments are present. This mapping generates communicative roles and communication flows, which "can be interpreted insightfully as the repeated, stable occurrence of an *interaction scheme* between certain *roles* in an *interaction field*" (R&R 2006a: 174). However, roles and flows are not exhaustive in characterizing an interagents' intervention within the interaction field. Actual people in flesh and bones, and not simply roles, are at

---

[3]   The concept of activity type is taken from Levinson (1979). For a similar use of the term within argumentation theory, see van Eemeren / Houtlosser (2005).

stake. In this relation, R&R's model integrates the institutionalized dimension with an interpersonal one (*cf.* Fig.1). The institutional roles are implemented by subjects whose personal identity and interpersonal relationships actually exceed the mutual commitments and goals defined by the concerned institution (interaction field). R&R's model interprets this friction in the framework of the principal-agent relationship (Ross 1973; Jensen / Meckling 1976), where the agent is expected (and paid) to be committed to the interests of the principal set by a contract but, in an evident conflict of interests, he/she might be tempted to pursue his/her own interest.

Three main factors that prove to be relevant for our research are brought to light by the R&R model: shared and individual goals constituting the interaction field, interaction schemes on which activities are based, and people pursuing shared goals realizing their interests. These factors broadly coincide with the notions of *purposes*, *practices* and *players*, introduced by Bhatia (2002: 6)[4], who includes a fourth important element, namely products (textual genres).

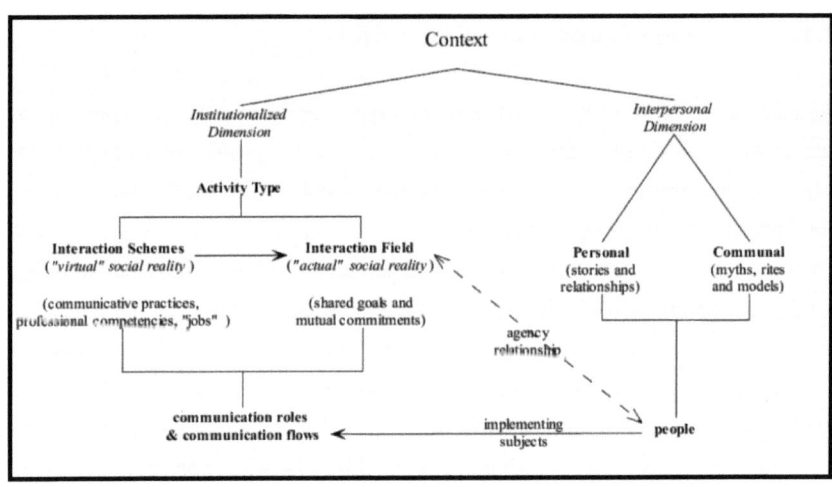

Fig. 1: The model of communication context (R&R 2006)

---

[4] I would like to point out that analysing genre means investigating instances of conventionalised or institutionalised textual artefacts in the context of specific institutional and disciplinary practices, procedures and cultures in order to understand how members of specific discourse communities construct, interpret and use these genres to achieve their community goals and why they write them the way they do. (Bhatia 2002: 6)

2.2. Text types and activity types

Regarding products, comprising textual artifacts and genres, though not putting them to the fore, R&R observe that they are instrumental "to achieve the goals of interaction schemes" (R&R 2006a: 173, *cf.* also Rocci 2008: 257-263). In order to deliver important information, for example, a business company may issue a press release or write a letter to investors. An important distinction between interaction schemes and text types is that while that of interaction scheme is a theoretical notion corresponding to a virtual social reality (e.g. information exchange), text types (e.g. press release, letter to investors) usually arise from already implemented – we could say "fielded" – interaction schemes, from real practices, that is from concrete activity types (e.g. the announcement and presentation of quarterly earnings).

In order to situate more in detail the relation between text types and activity types, it is worth to distinguish three main classes of activity or joint action (*cf.* Clark 1996; Rigotti / Palmieri 2009):

(1) Typically communicative activities, which create a *habit change*[5] in the addressee, and modify mutual (interpersonal) commitments. These activities mainly affect human attitudes, human relationships, knowledge, desires and many other mental states. E.g.: advertising, conference calls, interviews, chatting, singing.

(2) Activities mainly intended to modify not only attitudes but also *legally enforceable* commitments, creating rights and duties. Thus, these activities typically restructure what Searle (1995) calls *social reality*[6]. E.g.: to marry, to trade securities, to condemn, to hire, to vote.

---

[5] The term *habit change* is borrowed from Peirce to mean a modification in the hearer/reader's disposition toward action (*cf.* Rigotti / Rocci 2006b; Rigotti 2005).

[6] Depending on cultures and communities, the same relationship created by a communicative activity may be considered as merely interpersonal (class 1) or as socially and culturally relevant, thus creating almost legally enforceable commitments (class 2): friendship, engagement, guest-host relation etc. The breach of these relationships, though not sanctioned by the law, may be punished not less seriously through different forms of exclusion from the concerned community. In other words, for people breaking such types of commitment,

The commitments created by these activities may further allow or exclude other activities of classes (1), (2) or (3). For instance, by purchasing a house (2) the buyer obtains the right to live therein, invite friends and talk with them (1) and paint the walls (3).

> (3) Non-communicative activities, which address and modify mainly the physical world – *brute facts* in Searle's terms. However, in order to fulfill these activities, like in every human interaction, communication is necessary. Thus, activities of classes (1) or (2) support activities of class (3). E.g.: building a house, producing goods, transporting commodities, making a surgical operation.

It goes without saying that, in reality, activities may feature properties shared by more than one of these classes: writing a book is mainly a communicative activity of class (1), but evidently involves a physical dimension[7].

A particular attention should be paid to class (2), because financial transactions, realized through the exchange of financial instruments (securities), typically belong to this set of activities. In fact, the physical dimension is scarcely relevant in finance and the development of electronic systems replacing paper contracts and even notes and coins is there to show this[8]. The temptation would be to say the same for the communicative dimension. Instead, we argue, communication is a constitutive dimension of finance, in two respects. First, as we shall see better in the next section, players on the financial markets are engaged in numerous communicative activities of class (1), in order to voluntarily or compulsorily disclose information and develop and maintain good relations with markets and investors. Interestingly, the existence of financial markets is justified by information needs (Mishkin / Eakins 2008) and markets

---

[7] which compromise constitutive values of communities (trust, reputation, honor), the belonging to the community is questioned.
All semiotic activities (class 1) incorporate a material component that may be more or less physically relevant. While activities like speaking, singing, or making a gesture do not create persisting physical objects, writing a book or sculpturing a statue do it, somehow causing the persistency of the communicative act (*scripta manent, verba volant*). In activities of class 2, these objects are historically consolidated as typical forms of paper laws and contracts.

[8] In this regard, Searle (1995) has extensively discussed the ontological status of money as social reality.

are even described as communication systems (*cf.* for example Lusztig *et al.* 1994). Second, by closely considering class (2), we discover that their nature is only apparently non-communicative. Indeed, by entailing an exchange of commitments, these activities turn out to be ontologically similar to performative speech acts (Austin 1962, Searle 1969). A prototypical example is the exchange of a bond security, which can be defined as the commitment to repay a certain sum of money in the future. In other words, to issue a bond coincides with making a promise, a speech act whose constitutive conditions (Searle 1969) could be easily applied to bonds and other debt securities. The main differences between *bonds* and *promises* are that (1) the former create legally enforceable commitments while the latter do it only in particular activities of the second class (e.g. marriage); (2) the latter relevantly involve verbal semiotics, which in the former only supports the interaction, through written contracts[9].

2.3. The interaction field of the financial market

Finance can be defined as the branch of economics which deals with investments, that is with activities aiming at creating value. Value creation is, thus, the ultimate shared goal of the protagonists of a financial activity. Such a goal is achieved by matching resources and projects. In fact, the financial interaction arises in the encounter of, on the one side, savers/investors, having capital but no idea or opportunity for increasing its value (surplus units) and, on the other side, entrepreneurs, figuring out potentially profitable business projects but lacking the capital for their realization (deficit units).

As Figure 2 shows, the "financial matching" may take place in three distinct forms: private direct finance, public direct finance in organized financial markets, indirect finance (through intermediaries). We call *financial market* the interaction field, whose ultimate goal is value creation, in which companies and investors pursue their respective objectives of raising capital and increasing

---

[9] It is worth to recall here the old motto *my word is my bond* of the London Stock Exchange, which signaled the interpersonal rather than contractual nature of financial transactions. The motto appears still today on the Exchange's coat of arms, in the Latin form (*Dictum meum pactum*).

wealth. In relation to the available information and competencies and to the specific preferences and exigencies, investors and enterprises may be oriented to appeal to organized financial markets (Lustzig et al. 1994: 32; cf. Mishkin / Eakins 2008). Alternatively, they may match their needs *indirectly*, by separately interacting with financial intermediaries, which cope with the several technical and informative problems still existing in financial markets and representing constraints and risks especially for those investors who lack time, skills and resources to directly operate in the market.

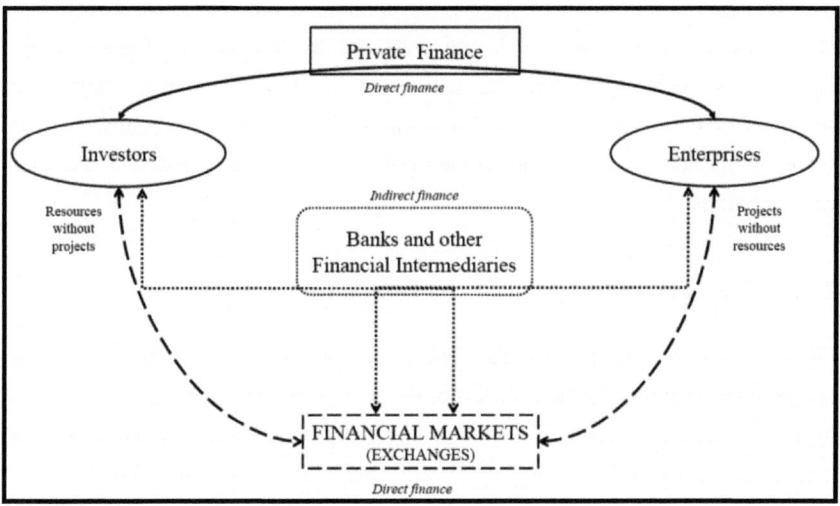

Fig. 2: The financial market

2.4. The investment decision problem and the fundamental role of financial communication

In all forms of financial interaction, interagents are confronted with the necessity of reasonable investment decisions. Listed companies still have to choose when they should raise capital and under which form (debt or equity); similarly, investors have to decide in which companies and types of security to invest, how to build their portfolio, the right price and the right moment for trading, etc. In other words, although financial markets alleviate numerous problems, investment decisions actually require information, skills and knowledge that most of the investors simply do not have.

Apart from the unavoidable uncertainty surrounding investments, which stems from the impossibility to perfectly predict future events, all the various kinds of asymmetry between enterprises and investors, and the sometime related agency conflicts create significant problems for people who have to decide how to invest their resources. Beside the required financial expertise, investors need to know as much as possible about the business projects in which their capital is or could be invested, about the quality of the concerned enterprises and the people managing them. In this respect, communication is evidently essential:

> The demand for financial reporting and disclosure arises from information asymmetries and agency conflicts between managers and outside investors. (Healy / Palepu 2001: 406).

Investors' pressing request for information is actually met by constant communications flowing from listed companies to the markets. Market regulators impose companies to communicate periodically certain precise data concerning their past and future activities. Interestingly, the rationale for such "forced" communication, called *compulsory disclosure*, is to allow investors to make sound investment decisions:

> The SEC requires public companies to disclose meaningful financial and other information to the public. This provides a common pool of knowledge for all investors to use to judge for themselves whether to buy, sell, or hold a particular security. Only through the steady flow of timely, comprehensive, and accurate information can people make sound investment decisions. (From the website of the Securities Exchange Commission, URL: www.sec.gov)

Even more interestingly, corporate disclosures are often *voluntary* (*cf.* Verrecchia 1983), showing companies' awareness of the strategic importance of communicating with capital providers[10]. Therefore, besides typically financial

---

[10] In this respect, several scholars highlight a disclosure dilemma for companies: on the one hand, by decreasing information asymmetry, financial communication reduces the firm's cost of capital; on the other hand, excessive disclosure may reveal proprietary information, indispensable for making profitable business,

transactions, belonging to class of activities (2), financial markets feature numerous class (1) interactions, that is, typically communicative activity types. Interestingly, and strikingly, financial operations, like stock repurchases, dividend policies, acquisitions paid in shares, may convey information, working, thus, as *signals*; for this reason, they are often considered as communicative (*cf.* Palepu *et al.* 2004)[11].

2.5. Information intermediaries

Now, the investment decision problem not only prompts corporate financial communication (both compulsorily and voluntarily), but also motivates other subjects to intervene in financial markets as information intermediaries (*cf.* Fig. 3); these actors are expected to enhance the quality and reliability of corporate financial communications, fostering the quality of the decision-making process. As companies and investors exchange present wealth with commitments to return future wealth, *risk* and *trust* are necessarily involved in financial interactions, which cannot be realized immediately but require time and people's willingness and ability to respect commitments. Information intermediaries, on the one hand, help in reducing information asymmetries by making use of their expertise; on the other hand, they appear as less biased sources of information.

Financial intermediaries. Institutions, such as banks, exploit their strong resources and high competencies to further improve the financial system. By channeling funds from investors to companies and vice versa, and offering financial products and services (like deposits, loans, funds), financial intermediaries allow the financial exchange to indirectly succeed in those situations where direct finance could not be achieved. Moreover, by advising individual clients, who invest their wealth directly in the financial markets, and listed companies, engaged in markets' operations (like capital issuances,

---

which eventually brings value to investors (*cf.* Barone-Adesi 2002, Clinch / Verrecchia 1997).

[11] More precisely, these actions should be considered typical cases of covert communication. However, it is possible that even the informative intention is absent, but yet meaning is accidentally conveyed, thanks to the inferences accomplished by investors (Rocci / Palmieri / Palmieri in preparation).

mergers and acquisitions, etc.), financial intermediaries represent key players of financial communication. In particular, they activate interpersonal communicative interactions with clients of the corporate and private banking sectors and in the context of investment banking services.

Analysts and rating agencies. Besides financial intermediation, other realities intervene in finance for supporting investors' decisions. Companies borrowing funds and listing their stock publicly are, proportionally to their specific dimension and relevance, monitored and assessed by analysts and rating agencies, who produce reports and recommendations for potential and actual investors. Analysts typically give recommendation whether to buy, sell or hold a stock on the basis of technical evaluations of the company's current and future business. Rating agencies focus on the company's solidity to assess its ability to repay debts. In an argumentative perspective, the opinions expressed by these intermediaries function as premises in arguments *from authority*, which allow companies to avoid the disclosure of excessive information, so "incorporating" (*i.e.* keeping implicit) much information about the expert's credibility (Kliger / Sarig 2000). The appeal to authority is a rather widespread argument in finance, though its applicability has certainly become questionable after the several unhappy cases occurred in the last decade, like the positive rating given to Lehman Brothers just before its bankruptcy or, in a similar situation, analysts' optimism towards Enron (*cf.* Healy / Palepu 2003).

Financial media. The role of media in financial markets should not be underestimated. On the one hand, they act, in accordance with their proper nature of *media*, as platform by hosting corporate "performative" documents (class 2) such as offers, and by publishing messages that companies produce through press releases (Jacobs 1999), statements and conferences. On the other hand, they report and interpret facts, produce comments and evaluations within articles that can combine different points of views concerning an issue. They can, thus, directly influence investors' decisions by setting the agenda of the important issues, framing an event towards a certain interpretation, orienting the attention towards a company and reducing information asymmetry across investors (*cf.* Bushee *et al.* 2010; Zingales 2000).

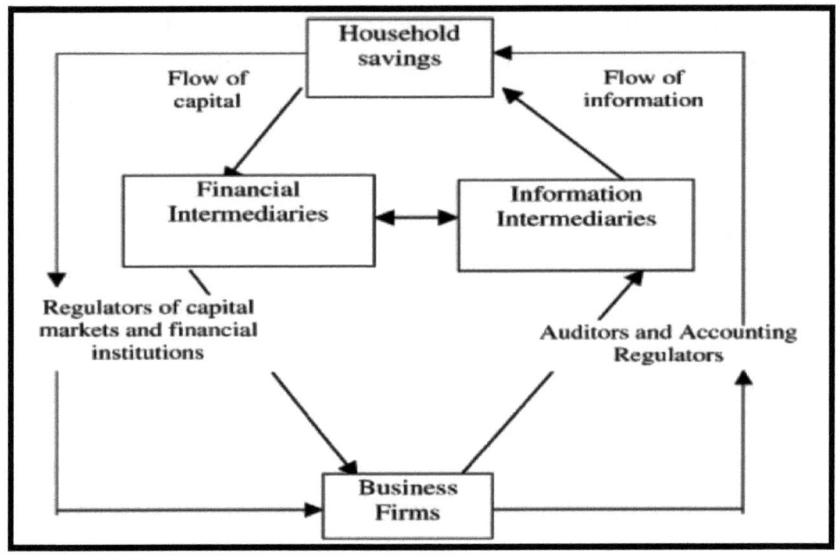

Fig. 3: Financial and information flows in capital markets (Healy / Palepu 2001: 408)

2.6. The system of texts building financial communication

Figure 4 integrates the representation of the financial market with the inclusion of information intermediaries and specifies the most important text types, through/in which these players interact. Numerous texts are used by companies in order to communicate directly with their investors. Some of these texts typically represent instances of compulsory disclosure (e.g. annual and quarterly reports, proxy statements, offer documents), others refer to discretionary communication (e.g. letter to shareholders, advertisements). As a matter of fact, the same text may feature both compulsorily and voluntarily disclosed information. So, for instance, an annual report includes both the financial statements and some evaluative comments, elaborated by corporate managers for strategic and rhetorical purposes (Malavasi 2006; Filimon 2009).

There are, however, numerous other communication flows, between the companies and the other market participants. All these intermediaries produce their own texts which are made available to investors, who read news, comments and reports and consult bank advisors. Media also interact with analysts and rating agencies to ground the opinions contained in their articles (*cf.* Rocci *et al.*, this volume). Banks make strong use of analysts' reports in their advisory services. In this scheme, we also contemplate interpersonal communication flows (banking advisory dialogues, private meetings, etc.) although the intrinsic difficulty in having access to them makes their study particularly problematic.

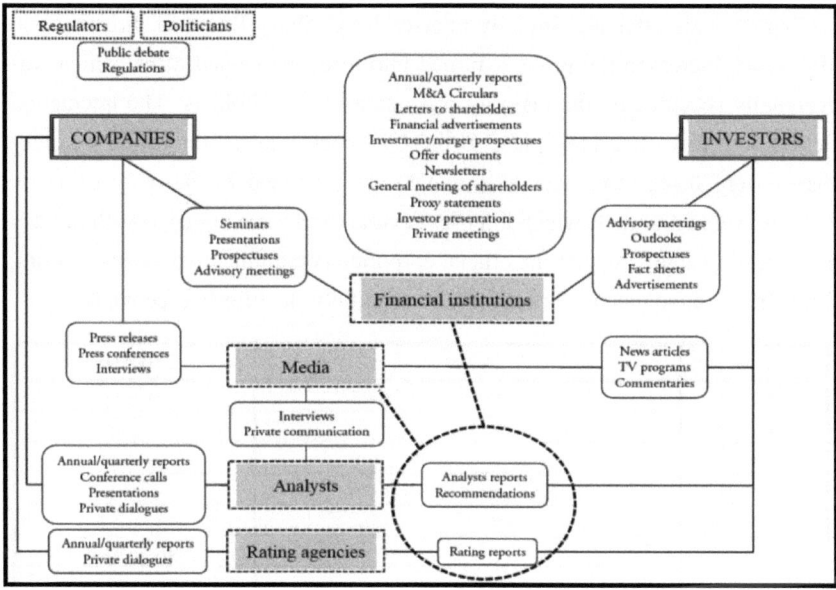

Fig. 4: The genre system of financial communication

3. An example: takeover bids and documents

To illustrate how the different text types intervene in a financial interaction, we shall focus on a very relevant form of financial activity, namely a takeover bid. In takeover bids, one company (bidder), aiming to control another company (target), proposes target shareholders to sell their shares in exchange of cash or bidder's shares. In this context, investors are confronted with a decision problem for which they claim information from the companies, as the value of the offer should be assessed against the uncertain value of the alternative of continuing to invest in the target as a standalone company. However, the concerned companies do not limit themselves to release information as they have to argumentatively justify their proposals and attempt to persuade shareholders to decide in a certain way, especially when the bid is not recommended by target directors, who invite shareholders to reject the offer (Palmieri 2008a).

Let us consider as a case in point the recent bid made by Kraft Foods to Cadbury[12]. This offer was initially rejected by Cadbury Board of directors but, after Kraft increased the price, it turned into a recommended offer, which was eventually accepted by the majority of Cadbury's shareholders. The interaction field where this offer took place is the UK stock market, on which Cadbury shares were listed. Takeover bids in UK are regulated by the *City Code on Takeovers and Mergers*, which imposes several disclosure duties to both bidders and targets. Table 1 reports the crucial corporate communicative events, starting from Kraft's announcement of a possible offer until the offer's acceptance.

Date	Event	Text types
Sept. 7, 2009	Announcement of a possible offer (K)	Press release
Sept. 7, 2009	Response (C)	Press release
Sept. 8, 2009	Analysts/investors conference call (K)	Conference
Nov. 9, 2009	Firm intention to make an offer (K)	Press release
Nov. 9, 2009	Response (C)	Press release
Dec. 4, 2009	Offer (K)	Offer documents
Dec. 14, 2009	Defense circular (C)	Circular to shareholders
Dec. 14, 2009	Analysts/investors and media conferences (C)	Conference
Dec, 15 2009	Response to defense circular (K)	Press release
Jan. 12, 2010	Second defense circular (C)	Circular to shareholders
Jan. 19, 2010	Increased offer (K + C)	Offer documents
Jan. 19, 2010	Analysts/investors conference call (K)	Conference call
Feb. 2, 2010	Announcement acceptance (K)	Press release

Table 1: Kraft-Cadbury communicative events

It clearly emerges from the table that information intermediaries play an important role, as both Kraft and Cadbury issued numerous press releases and organized several conferences with analysts. Indeed, immediately after Kraft's

---

[12] In 2009 Kraft Foods proposed to Cadbury shareholders to exchange each Cadbury share for 300 pence in cash and 0.2589 Kraft's shares. The price was subsequently increased to 500 pence in cash and 0.1874 Kraft's shares.

first announcement, journalists wrote news and commentaries which included analysts' opinions:

> A bidding war is expected to erupt for Cadbury after the company's biggest shareholder backed its rejection of Kraft's £10.2 billion takeover approach. [...] Andrew Wood, of Sanford Bernstein & Co, the broker, said: 'The 31 per cent premium to Friday's close might seem attractive, but we think Cadbury can get much more.' Mr Wood said that it was "reasonable" to expect an offer of as much as £10.70 a share. He compared the terms of Kraft's offer with those of the Mars bid for Wrigley in May last year, adding: 'Arguably, Cadbury has much more profit growth potential than Wrigley had at that time.' [...] ("Kraft rebuffed but bidding war for Cadbury likely to break out", *The Times*, 8 Sept. 2008, p. 38)

Therefore, a high level of intertextuality can be detected. Important investors were also privately contacted, as it transpires from the following announcement by Kraft:

> Kraft Foods is [increasing the cash component of the offer] because of the desire expressed by some Cadbury Securityholders to have a greater proportion of the Offer in cash and because Kraft Foods Shareholders have expressed a desire for Kraft Foods to be more sparing in its use of undervalued Kraft Foods Shares as currency for the Offer. (Kraft Foods, press release, 5 January 2010).

Among the texts whose disclosure is envisaged by the City Code, the offer document is certainly crucial, as it represents the communicative act which enacts the offer, coinciding with an activity type merging class (1) and class (2): here the text *is* the activity.

We can also imagine that financial intermediaries were relevantly involved not only as companies' advisors (for example, Cadbury was advised by Goldman Sachs, Morgan Stanley and UBS) but also as consultants for their clients-investors. Not by chance, in Cadbury's first defense circular we find:

> If you are in any doubt about the contents of this document or the action you should take, you should seek your own financial advice immediately

from your stockbroker, bank manager, solicitor, accountant or other independent financial adviser authorized. (p.2, source: www.cadburyinvestors.com, last visit: 5 May 2010)

Figure 5 applies the genre system scheme to the specific case of Kraft-Cadbury.

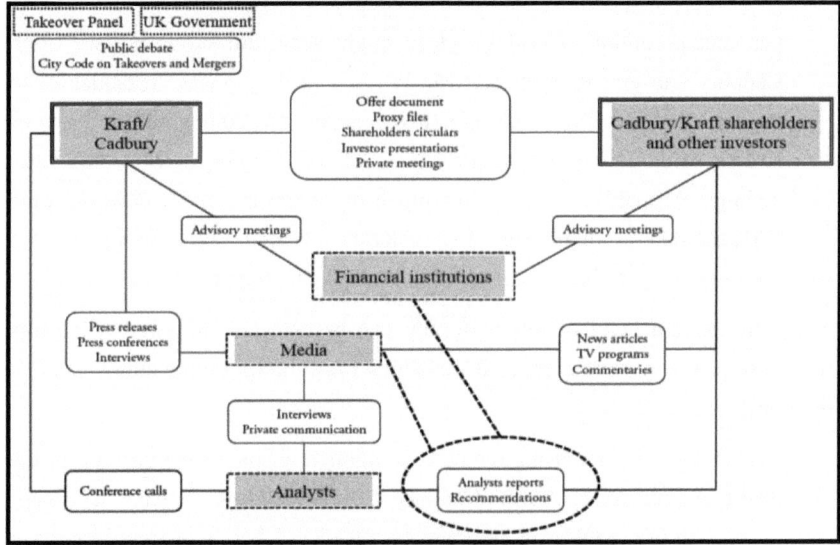

Fig. 5: The genre system in the Kraft-Cadbury takeover

4. Conclusions

In this paper we hope to have succeeded in showing that financial discourse exceeds both corporate reporting and business journalism. Financial discourse should be seen as a complex set of texts supporting, and sometimes even coinciding with, activities of the financial market. In order to illustrate this point we have brought to light the textual variety of financial communication on the basis of a reconstruction of finance as a communication context, by which the financial market is conceived of as an interaction field, whose main goal is to create value by making appropriate financial decisions.

Now, if financial communication is mostly aimed at fostering sound investment decisions, argumentation, being the discourse trough which decisions are justified, evidently assumes a central role in finance. In this perspective, we might distinguish purely information disclosure, providing investors with the premises for reasoning out their decisions, and properly argumentative discourse, in which inferences leading to precise decisions are communicated. Under both views, as many promising research paths are open: what kinds of rhetorical strategies are adopted in order to manage information strategically and favor precise inferences into investors' minds? How is a properly argumentative discourse influenced by the text types in which it occurs? These and several other questions should be answered by future studies exploring this exciting context of language use and human activity, which, especially from an argumentative viewpoint, is still under investigated.

References

Austin, John Langshaw (1962): *How to do things with words?* London: Oxford University Press.
Bakhtin, Mikhail Mikhaïlovitch (1986): *Speech Genres and Other Late Essays*. Austin: University of Texas. [= University of Texas Press Slavic series. 8].
Barone-Adesi, Giovanni (2002): "The Role of Inside Information. Financial Disclosure and Value Creation." In: Russ-Mohl, Stephan / Fengler, Susanne [Eds] (2002): *Business Journalism, Corporate Communications, and Newsroom Management*. Lugano: USI, 63 – 68.
Bazerman, Charles (1994): "Systems of Genres and the Enactment of Social Intentions." In: Freedman, Aviva / Medway, Peter [Eds] (1994): *Genre and the New Rhetoric*. London: Taylor & Francis. [= Critical Perspectives on Literacy and Education]. 79 – 101.
Bhatia, Vijay K. (2002): "Applied genre analysis: a multi-perspective model." In: *Iberica* 4, 3 – 19.
Bushee, Brian J. / Core, John E. / Guay, Wayne R. / Hamm, Sophia J. W. (2010): "The Role of the Business Press as an Information Intermediary." In: *Journal of Accounting Research* 48(1), 1 – 19.
Clark, Herbert H. (1996): *Using Language*. Cambridge: Cambridge University Press.

Clinch, Greg / Verrecchia, Robert E. (1997): "Competitive Disadvantage and Discretionary Disclosure in Industries." In: *Australian Journal of Management* 22(2), 125 – 138.

Cottier, Bertil / Palmieri, Rudi (2008): "From trust to betrayal." In: *Communication Director* 4(8), 80 – 83.

Eemeren, Frans H. van (2003): "A glance behind the scenes: The state of the art in the study of argumentation." In: *Studies in Communication Sciences* 3(1), 1 – 23.

Eemeren, Frans H. Van (2010): *Strategic Maneuvering in Argumentative Discourse*. Amsterdam/Philadelphia: John Benjamins. [= Argumentation in context. 2].

Eemeren, Frans H. Van / Houtlosser, Peter (2005): "Theoretical Construction and Argumentative Reality: An Analytic Model of Critical Discussion and Conventionalised Types of Argumentative Activity." In: Hitchcock, David [Ed.] (2005): *The Uses of Argument*. Toronto: Ontario Society for the Argumentation. 75 – 84.

Filimon, Ioana Agatha (2009): "Kyosei – An Example of Cultural Keyword Argumentatively exploited in Corporate Reporting Discourse." In: *Studies in Communication Sciences* 9(2), 131 – 152.

Healy, Paul M. / Palepu, Krishna G. (2001): "Information asymmetry, corporate disclosure, and the capital markets: A review of the empirical disclosure literature." In: *Journal of Accounting and Economics* 31, 405 – 440.

Healy, Paul M. / Palepu, Krishna G. (2003): "The Fall of Enron." In: *Journal of Economic Perspectives* 17(2), 3 – 26.

Hyland, Ken (2002): "Genre: Language, context and literacy." In: *Annual Review of Applied Linguistics* 22, 113 – 135.

Hyon, Sunny (1996): "Genre in three traditions: Implications for ESL." In: *TESOL Quarterly* 30(4), 693 – 722.

Jacobs, Geert (1999): *Preformulating the News: An Analysis of the Metapragmatics of Press Releases*. Amsterdam/Philadelphia: John Benjamins. [= Pragmatics & beyond, New Series. 60].

Jensen, Michael C. / Meckling, William H. (1976): "Theory of the Firm: Managerial Behavior, Agency Costs and Ownership Structure." In: *Journal of Financial Economics* 3(4), 305 – 360.

Kliger, Doron / Sarig, Oded (2000): "The Information Value of Bond Ratings." In: *Journal of Finance* 55(6), 2879 – 2902.

Levinson, Stephen C. (1979): "Activity type and language." In: *Linguistics* 17, 365 – 399. Reprinted in: Drew, Paul / Heritage, John [Eds] (1992): *Talk at work*. Cambridge: Cambridge University Press. [= Studies in interactional sociolinguistics. 8]. 66 – 100.

Lusztig, Peter / Morck, Randall / Schwab, Bernard (1994): *Managerial Finance in a Canadian Setting*. 5th ed. Toronto: John Wiley & Sons.

Malavasi, Donatella (2006): "Evaluation in Banks' Annual Reports: A Comparison of EL1 and EIL Texts." In: Gotti, Maurizio / Giannoni, Davide S. [Eds] (2006): *New Trends in Specialized Discourse Analysis*. Bern: Peter Lang. [= Linguistic Insights. 44]. 109-123.

Mishkin, Frederic S. / Eakins, Stanley G. (2008): *Financial markets and Institutions*. 6th ed. Reading (Mass.): Addison Wesley.

Palepu, Krishna G. / Healy, Paul M. / Bernard, Victor L. (2004): *Business Analysis and Valuation: Using Financial Statements*. Cincinnati, Ohio: Southwestern College Publishing.

Palmieri, Rudi (2008a): "Reconstructing argumentative interactions in M&A offers." In: *Studies in Communication Sciences* 8(2), 279 – 302.

Palmieri, Rudi (2008b): "Argumentative dialogues in Mergers & Acquisitions (M&As): evidence from investors and analysts conference calls." In: *L'analisi linguistica e letteraria* 2008(2), 859 – 872.

Palmieri, Rudi (2009): "Regaining trust through argumentation in the context of the current financial-economic crisis." In: *Studies in Communication Sciences* 9(2), 59 – 78.

Reinle, Michael (2007): *Die Meldepflicht im Geldwäschereigesetz: die Banken im Spannungsfeld zwischen Geldwäschereibekämpfung und Vertrauensverhältnis zum Bankkunden*. Zürich: Dike. [= Sankt-Galler Schriften zum Finanzmarktrecht. 1].

Rigotti, Eddo (2005): "Towards a typology of manipulative processes." In: Saussure, Louis de / Schulz, Peter [Eds] (2005): *Manipulation and Ideologies in the Twentieth Century*. Amsterdam: Benjamins. [= Discourse Approaches to Politics, Society and Culture. 17]. 61 – 84.

Rigotti, Eddo (2006): "Relevance of context-bound loci to topical potential in the argumentation stage." In: *Argumentation* 20(4), 519 – 540.

Rigotti, Eddo / Greco Morasso, Sara (2009a): "Argumentation as an object of interest and as a social and cultural resource." In: Muller-Mirza, Nathalie / Perret-Clermont, Anne-Nelly [Eds] (2009): *Argumentation and Education. Theoretical Foundations and Practices*. New York: Springer. 9 – 66.

Rigotti, Eddo / Greco Morasso, Sara (2009b): "Editorial & Guest Editors' Introduction: Argumentative Processes and Communication Contexts." In: *Studies in Communication Sciences* 9(2), 5 – 18.

Rigotti, Eddo / Palmieri, Rudi (2009): "Argumentation for financial communication 2009". Argumentum elearning module, www.argumentum.ch.

Rigotti, Eddo / Palmieri, Rudi (2010): "Analyzing and evaluating complex argumentation in the economic-financial context." In: Reed, Chris / Tindale, Christopher W. [Eds.] (2010): *Dialectics, Dialogue and Argumentation. An Examination of Douglas Walton's Theories of Reasoning and Argument*. London: College Publications. [= Tributes. 12]. 85 – 101.

Rigotti, Eddo / Rocci, Andrea (2006a): "Towards a definition of communication context. Foundations of an interdisciplinary approach to communication." In: *Studies in Communication Sciences* 6(2), 155 – 180.

Rigotti, Eddo / Rocci, Andrea (2006b): "Tema-Rema e connettivo: la congruità semantico-pragmatica del testo." In: Gobber, Giovanni / Gatti, Maria Cristina / Cigada, Sara [Eds] (2006): *Sýndesmoi. I connettivi nella realtà del testo*. Milano: Vita e Pensiero. 3-44.

Rocci, Andrea (2008): "Analysing and evaluating persuasive media discourse in context." In: Burger, Marcel [Ed.] (2008) : *L'analyse linguistique des discours des médias: théories, méthodes et enjeux*. Québec: Editions Nota Bene. [= Langue et pratiques discursives]. 247 – 284.

Rocci, Andrea / Miecznikowski, Johanna / Zlatkova, Gergana (this volume): "L'argumentation dans la presse économique et financière italienne."

Rocci, Andrea / Palmieri, Camilla / Palmieri, Rudi (in preparation): "The semiotics of finance between signalling and disclosure."

Ross, Stephen A. (1973): "The Economic Theory of Agency: The Principal's problem." In: *The American Economic Review* 63(2), 134 – 139.

Searle, John R. (1969): *Speech Acts*. Cambridge: Cambridge University Press.

Searle, John R. (1995): *The construction of social reality*. London: Penguin Books.

Verrecchia, Robert E. (1983): "Discretionary disclosure." In: *Journal of Accounting and Economics* 5, 179 – 194.

Zingales, Luigi (2000): "In Search of New Foundations." In: *Journal of Finance* 55(4), 1623 – 1653.

Silvia Modena

Le discours de Jean-Claude Trichet et le passage à l'euro : entre expertise et vulgarisation

1. Introduction

La présente contribution[1] a pour but d'analyser les discours de Jean-Claude Trichet lors du passage à l'euro entre 1998 et 2002, quand il était gouverneur de la Banque de France (1993-2002) et membre du Conseil des gouverneurs de la Banque Centrale Européenne (BCE). Jusqu'au début de l'année 2002, l'euro n'était pas une réalité et son instauration a été semée de difficultés, d'obstacles politiques et confrontée à l'incrédulité des opposants. C'est justement à cause du caractère irréel de la monnaie unique que l'argumentation du discours de Jean-Claude Trichet, en faveur de l'euro, s'appuie sur des stratégies rhétoriques se traduisant par certains mécanismes linguistiques. Après avoir brièvement situé d'un point de vue historique l'évènement "passage à l'euro", nous allons préciser la chronologie de notre corpus et sa composition. Nous esquisserons ensuite notre méthode d'analyse à travers les deux axes qui ont présidé à notre travail : le discours d'expert et le discours de vulgarisation.

Comme le souligne Spillner (2007 : 125), le discours économique est caractérisé par "un haut degré d'abstraction, de 'terminologisation' et de rigueur d'argumentation dans le domaine de la législation". En effet, Trichet produit un discours d'expert riche en terminologie (surtout anglaise) et très structuré d'un point de vue textuel (usage massif des connecteurs et des organisateurs logiques) et argumentatif (riche classement des arguments). Lorsque il s'adresse à un public "technique" (composé par des banquiers, des agents économiques ou des ministres des finances), il manifeste son expertise par le dialogisme (précisément par des renvois interdiscursifs et par l'emploi des arguments d'autorité par la compétence) et par la polyphonie.

---

[1] Elle s'inscrit dans un projet de thèse, mené au sein de l'Ecole Doctorale de Brescia en Linguistique française, en cotutelle avec l'Université Paris Est (Créteil) dans le laboratoire Céditec, sous le titre : "Le débat institutionnel lors du passage à l'euro : 1998 - 2002. Analyse argumentative et linguistique".

Le discours économique de Trichet est simultanément ancré dans un contexte politico-économique très délicat. La réussite du lancement de l'euro et de sa mise en circulation demande beaucoup de confiance aux marchés financiers et aux citoyens européens. C'est exactement en 1999 et en 2002 que le discours économique de Trichet se fait aussi discours de vulgarisation. Les destinataires de son énonciation étant un public plus "ouvert" (c'est-à-dire les journalistes et les citoyens européens en général), il utilise la métaphorisation et la redondance d'un même trait linguistique (isotopie sémantique).

2. Cadre général

2.1. L'union monétaire

L'euro n'est pas la première tentative de création d'une monnaie unique. L'Europe a en effet connu des tentatives et des expériences d'union monétaire dans le passé : trois unions monétaires qui ont réussi, en Suisse (1798), en Allemagne (1875) et en Belgique (1921) ; deux autres qui ont échoué, en Scandinavie (1873) et dans l'Union monétaire latine (1865-1927). Il nous semble à cet égard souhaitable de rappeler que l'euro est une monnaie commune très spéciale. Tout d'abord, il succède à l'écu qui n'a été qu'un panier de valeurs, c'est-à-dire une unité de compte qui ne s'est jamais traduite par des billets et des pièces. L'euro, au contraire, est une monnaie qui a cours et qui a concrètement remplacé les monnaies nationales des pays qui l'ont adoptée. Ensuite les monnaies nationales sont considérées comme des symboles de l'identité nationale (comme l'hymne, le drapeau, etc.) tandis que l'euro ne peut pas être identifié à une seule nation. Enfin, il ne peut pas être comparé au dollar qui a été adopté après la guerre d'indépendance et qui a donné lieu à une confédération politiquement unie[2].

---

[2] L'économiste américain Kaikati (1999) illustre ainsi le passage à l'euro : "Never before has a group of countries successfully attempted to introduce a common currency on such a scale without also forming a political union, nor have political leaders worked together so long to overcome historical divisions born of language barriers, cultural differences, and war. The creation of the EMU and the introduction of the euro will prove to be a remarkable development in

2.2. La période

La période retenue va de 1998 à 2002. Ces dates encadrent des étapes politico-économiques très importantes pour le passage à l'euro. Tout d'abord, en 1998, le sommet de Bruxelles du 2/3 mai sélectionne officiellement les pays destinés à créer l'euro zone et désigne le président de la BCE, Wim Duisenberg. Le 1er juin 1998 marque la création de la BCE et l'instauration tant de l'Euro-système que du Système Européen des Banques Centrales. L'année 1999 est marquée par le lancement de l'euro le 4 janvier et par une vague de fusions d'entreprises sans précédent. L'année 2000 verra la création d'Euronext (fusion des bourses d'Amsterdam, de Bruxelles et de Paris). La Grèce entre en zone euro en 2001. Le 1er janvier 2002 marque enfin un tournant dans l'histoire de l'UE avec l'entrée en vigueur de l'euro comme monnaie fiduciaire dans douze Etats-membres. Le franc disparaît définitivement.

2.3. Constitution du corpus

Les discours du corpus ont été téléchargés de l'archive en ligne de la Banque de France[3] et de la BCE[4]. Les nombreux discours que Jean-Claude Trichet a prononcés en anglais ne possèdent pas de traductions officielle[5]. L'homogénéité du corpus repose sur le fait que les discours prononcés par Trichet de 1998 à 2002 s'étendent, de façon équilibrée, sur trois niveaux géopolitiques complémentaires : un niveau "français", un niveau "européen" et enfin un niveau "mondial". Le premier est constitué par des discours qui ont été prononcés en France :

- le discours du Louvre à l'occasion du Bicentenaire de la Banque de France le 30 mai 2000 à Paris ;

---

international relations and carries far-reaching implications for the international monetary system. It will be the boldest experiment in the recent history of world finance."

[3] htttp://www.banque-france.fr/index.htm.
[4] http ://www.ecb.int/home/html/index.en.html.
[5] J.-C. Trichet a prononcé 14 discours en anglais dont un seul possède une traduction officielle, publiée sur le site de la BdF et de la BCE : le discours de Londres lors du dîner annuel de la *Society of Business Economists* (12/02/2002).

- le discours de présentation du *Livre Blanc* le 30 janvier 2001 à Paris ;
- le discours à l'Assemblée Générale de l'Association des Sociétés Financières le 19 juin 2001 à Paris.

Parmi les trois niveaux répertoriés, le niveau "européen" est certainement celui qui a permis de repérer le plus grand nombre d'exemples pertinents :
- le discours de Hesse prononcé lors de la Conférence de la Banque Centrale de Hesse, le 22 février 1999 à l'Université de Francfort ;
- le discours de Londres prononcé à l'occasion du dîner annuel de la *Society of Business Economists* le 12 février 2002.

Ces deux discours ont été prononcés très peu de temps après deux évènements cruciaux pour la monnaie unique : le lancement de l'euro et sa mise en circulation. Un troisième discours représente une source très importante : le discours de Francfort tenu à la conférence organisée conjointement par la Banque Fédérale d'Allemagne et la Banque des Règlements Internationaux le 28 septembre 2000 au milieu d'une période riche en interventions de la BCE sur les marchés des changes pour soutenir l'euro. Ce niveau "européen" comprend aussi un quatrième discours prononcé lors du jumelage avec la Banque Nationale de Bulgarie le 16 septembre 2002 à Sofia.

Les discours à portée "mondiale" sont au nombre de trois :
- la conférence de presse de Tokyo tenue par Jean-Claude Trichet et Christian Sautter, le 22 janvier 2000 lors du sommet du G7 ;
- le discours de Chicago prononcé lors d'une conférence sur les bulles spéculatives organisée par la Banque Mondiale et la Réserve Fédérale Américaine le 23 avril 2002 ;
- le discours de New York prononcé devant la *Foreign Policy Association* le 1er octobre 2002.

Quelle que soit leur étendue, les prises de parole de Jean-Claude Trichet sont à la fois des interventions orales et des textes écrits le plus souvent sous la forme d'éditoriaux pour le bulletin de la BdF, de tribunes et d'articles dans la presse. C'est notamment en raison de cette pluralité de genres que l'étude de leurs destinataires devient cruciale. Le plus souvent, l'auditoire cible, présent physiquement lors des interventions de Trichet, est constitué par des banquiers, des agents économiques, des économistes, des ministres des finances avec un auditoire en arrière-plan, représenté par les journalistes et les citoyens européens. Nous essayerons d'expliquer comment ces deux types d'auditoire conduisent Trichet à modifier son discours, soit en créant un discours fondé sur l'expertise soit en produisant un discours tendant plutôt à la vulgarisation.

2.4. Méthode d'analyse

En nous appuyant sur la théorie rhétorique argumentative et ses trois types d'arguments (éthiques, pathétiques et logiques), nous pensons pouvoir décrire le discours de Trichet sous deux angles différents mais tout à fait complémentaires : un discours où prime l'expertise et un discours plutôt voué à la vulgarisation. Pour ce faire, nous avons classé les arguments de Trichet à partir leur contenu sémantique[6].

Au niveau du discours d'expertise, il est intéressant de noter que, parmi les trois classes rhétoriques citées, c'est la sphère de l'*éthos* qui est la plus activée. Il y a chez Trichet deux procédés distincts pour manifester son *éthos*: d'une part des renvois interdiscursifs que Trichet utilise pour construire son image d'expert, d'autre part la présence d'arguments d'autorité par la compétence. Nous présenterons ces deux procédés sous l'angle du dialogisme[7]. L'expertise chez Trichet sera aussi exploitée à travers l'étude polyphonique[8] des pronoms personnels *on* et *nous*. L'argumentaire que Trichet met en place lors de ses allocutions est essentiellement en faveur de l'euro. Il est pourtant possible de repérer dans son discours l'argumentaire des opposants au projet de monnaie unique. C'est donc grâce au procédé linguistique de la contre argumentation que

---

[6] Les arguments employés par Trichet peuvent être classés en deux types : "pour" et "contre" l'euro. À l'intérieur des deux classements, on retrouve essentiellement des arguments à caractère financier et à caractère politico-social.
[7] Pour Adam (1999 : 124) le dialogisme se manifeste quand "les sujets parlants d'une communauté discursive donnée s'appuient sur le réservoir infini des contextes des emplois antérieurs des mots de leur langue".
[8] La polyphonie, d'après les travaux de Bakhtine (1970) et de Ducrot (1984), remet en question l'unicité du sujet de l'énonciation et permet au locuteur, même au sein d'un discours monologal, de mettre en scène un circuit de "voix" différentes.

Trichet met en scène un dialogue entre partisans et opposants de l'euro, identifiable grâce au procédé polyphonique qui affecte les pronoms *on* et *nous*.

Il nous a par ailleurs semblé pertinent d'aborder le discours de vulgarisation à travers l'étude d'une part de la métaphorisation et d'autre part de la création d'une isotopie sémantique. L'activité discursive de vulgarisation vise normalement à proposer des "équivalences", sémantiquement non identiques, aux termes scientifiques. Dans le cas de Trichet, ce discours est plutôt caractérisé par des procédés langagiers de "figuration" : la métaphore qui fait surgir les analogies (par exemple entre la monnaie unique et le but d'un match de football) et l'isotopie sémantique qui répète des éléments de sens appartenant à la même catégorie thématique (voir l'isotopie de l'architecture).

3. Résultats de l'analyse

3.1. Le discours d'expert

3.1.1. Interdiscours et intertexte

L'interdiscursivité et l'intertextualité peuvent parfois co-exister. Contrairement à Adam (1999)[9], Charaudeau (1993 : 57) affirme qu'il existe une interpénétration entre les discours "flottants" (qui relèvent de l'interdiscursivité) et les discours "institués" (qui relèvent de l'intertextualité). L'occurrence (1) a circulé dans les marchés financiers tout d'abord comme un signe interdiscursif, ou comme dit Charaudeau, en tant que "fragment d'oralité anonyme" (1993 : 57), puis a été configurée dans des textes qui, toujours selon Charaudeau (1993 : 57) "sont repérables, souvent signés, le plus souvent institutionnalisés" :

> (1) Les institutions issues des opérations de fusion ne doivent pas considérer qu'elles sont *too big to fail*[10] et ainsi se permettre de prendre des risques excessifs. (Francfort, 28/09/2000)

---

[9] Jean-Michel Adam (1999) oppose intertexte et interdiscours de façon très nette : l'intertexte naît des échos entre deux ou plusieurs textes, tandis que l'interdiscours serait plutôt lié à des discours lié par une conjoncture donnée.
[10] Dans les exemples, l'italique de mise en relief est le fait de l'auteur.

Too big to fail fait référence à une réglementation économique qui empêcherait les entreprises financières à étendue internationale de déclarer avoir fait faillite afin d'éviter d'affecter irréversiblement l'économie des marchés. Si la circulation orale de *too big to fail* constitue son interdiscursivité, sa trace textuelle stable, figée dans différents textes économiques[11], relève de son intertextualité.

3.1.2. L'argument d'autorité

Toujours dans le cadre du discours d'expert de Trichet, nous abordons maintenant l'argument d'autorité. Pour Plantin (1996 : 88)

> il y a argument d'autorité quand le Proposant donne pour argument en faveur d'une affirmation le fait qu'elle ait été énoncée par un locuteur particulier *autorisé*, sur lequel il s'appuie ou derrière lequel il se réfugie. La raison de croire (de faire) P n'est donc plus recherchée dans la justesse de P, son adéquation au monde tel qu'il est ou devrait être, mais dans le fait qu'il est admis par une personne qui fonctionne comme garant de sa justesse.

En tant que procédé argumentatif, l'argument d'autorité convoque une autorité acceptée par l'auditoire afin de renforcer l'opinion du locuteur. Il est strictement lié à la compétence du locuteur et mobilise des arguments qui soulignent sa préparation professionnelle et son statut d'expert parmi ses pairs. En (2) :

> (2) Deuxièmement, je voudrais *citer le professeur Mundell à l'appui de l'UEM* ; on doit en effet à celui-ci une intéressante clarification, datant de début 1998, du concept de zone monétaire optimale dans laquelle il démontrait que, dans l'hypothèse d'un transfert de demande d'un pays à l'autre, à l'origine de problèmes de chômage dans le premier et de tensions inflationnistes dans le second, des taux de change flexibles ne pourraient résoudre ces difficultés. (Londres, 12/02/2002)

Trichet utilise l'argument d'autorité par la compétence pour confirmer la validité de l'euro. Son discours focalise l'attention de l'auditoire sur un passage très important au sein de la zone euro : la convergence économique des pays

---

[11] De nombreux articles et ouvrages ont traité l'expression *too big to fail, cf.* par exemple O'Hara / Shaw (1990).

membres. En citant Robert Mundell, prix Nobel d'économie en 1999, il augmente d'un point de vue qualitatif le poids de son argumentation : le professeur Mundell a obtenu le prix Nobel grâce à la théorie des "zones monétaires optimales", zones qui ne subissent pas de chocs asymétriques mais qui connaissent, au contraire, une libre circulation des individus (facteur travail) et des flux financiers (facteur capital). Le professeur Mundell a été favorable à l'élargissement de blocs monétaires comme celui de l'euro. Trichet, en listant les arguments pour l'harmonisation des marchés de biens et de capitaux, présente à son auditoire un argument d'autorité par la compétence – à la fois fortement légitime et "partisan" de l'euro. Le même procédé argumentatif, centré toujours sur la compétence de l'autorité mobilisée, est incarnée en (3) par une loi :

> (3) Les régulateurs doivent bien évidemment se soucier de l'adéquation de leurs dispositifs de contrôle aux caractéristiques d'une industrie financière en évolution. *La loi Gramm Leach Bliley*, adoptée l'an passé aux Etats-Unis, illustre une telle préoccupation, qui s'est traduite par une nouvelle répartition des rôles entre les différents superviseurs américains. (Francfort, 28/09/2000)

L'argument d'autorité fait référence à une loi fédérale américaine protègeant les données à caractère personnel des clients des banques. Ce passage du discours de Trichet, centré sur la surveillance prudentielle au sein de l'Union européenne, gagne en légitimité à travers la crédibilité de l'argument proposé. Le texte de cette loi a été fortement inspiré par une directive européenne qui a, par essence, influencé la législation française[17]. La visée argumentative de Trichet – soutenir l'euro – trouve dans cet argument le crédit le plus pertinent. L'argument d'autorité confirme donc la thèse du locuteur, confirmation explicitée par un renvoi évident à une autorité reconnue.

3.1.3 La polyphonie

La polyphonie permet un usage spécifique des embrayeurs qui font entendre plusieurs voix simultanément. Elle permet ainsi à Trichet de faire entendre en

---

[12] La loi citée par Trichet est un antécédent qui fait autorité et qui rejoint indirectement l'argument d'autorité.

même temps sa voix d'expert opposée à celle des opposants activée par le même embrayeur. Notre analyse se concentrera sur les embrayeurs[13] *on* et *nous*.

Le *on* réfère généralement à un être humain (contrairement au pronom *il*), il occupe la position de sujet et constitue une vraie troisième personne. Nous pouvons distinguer deux typologies de *on* : un premier *on* inclusif, qui englobe le couple énonciateur/co-énonciateur et un second *on* exclusif qui évince l'énonciateur. En (4), on remarquera comment Trichet parle en son nom et au nom des agents économiques présents dans la salle :

> (4) Il y a quelques années, il était nécessaire de convaincre un grand nombre de sceptiques, en Europe comme dans le reste du monde, que l'euro deviendrait une réalité. L'opinion selon laquelle l'euro ne verrait jamais le jour a bien évidemment été démentie par les faits. Néanmoins, *on* entend encore parfois s'exprimer des objections au motif que l'économie de la zone euro serait caractérisée par d'importantes divergences susceptibles de mettre en péril et de remettre en cause l'existence de l'UEM. (Londres, 12/02/2002)

Cet emploi de *on* s'oppose à l'emploi dit exclusif en (5) :

> (5) Deuxièmement, le GVII de samedi à Bonn nous a permis de faire de nouveaux progrès dans le renforcement de ce que l'on est convenu d'appeler l'architecture financière internationale. *On* a parfois un peu trop tendance à insister sur les différences de sensibilité qui se manifestent ici et là. Ce qui est beaucoup plus important, c'est que la communauté internationale est en accord profond sur de très nombreux points. (Francfort, 22/02/1999)

Trichet se démarque du *on* en le chargeant d'une identité énonciative détachée de la sienne. On pourrait en proposer la paraphrase suivante :

> (5') Certains des opposants à l'euro insistent encore fortement sur les différences de sensibilité présentes au sein du débat concernant la monnaie unique.

---

[13] On appelle embrayage l'ensemble des opérations par lesquelles un énoncé s'ancre dans sa situation d'énonciation, et embrayeurs (dits aussi "éléments déictiques", "déictiques", ou parfois "éléments indiciels") les éléments qui dans l'énoncé marquent cet embrayage. (Maingueneau 2000 : 88)

Trichet se présente finalement comme le locuteur de l'énoncé mais pas en tant qu'énonciateur responsable du contenu.

Quant au *nous*, il peut être identifié comme un *nous* "d'expertise" qui amplifie le *je* du locuteur en soulignant son *éthos*. En (6), Trichet met l'accent sur son rôle institutionnel (celui de gouverneur de la BdF et membre du Conseil des gouverneurs de la BCE) et sur la responsabilité qu'il partage avec ses destinataires, à savoir les gouverneurs des banques nationales européennes :

> (6) N'oublions jamais que *nous* sommes les responsables de la confiance dans l'euro des épargnants d'Europe et du monde entier. C'est parce que ces épargnants *nous* font confiance que *nous* pouvons avoir de bas taux d'intérêt de marché. En résumé, c'est en inspirant confiance aux épargnants que *nous* pouvons insuffler confiance aux emprunteurs. (Francfort, 22/02/1999)

L'occurrence présente une charge énonciative notable : le locuteur utilise le *nous* et l'associe à la question de la confiance, sujet clé de la réussite de l'euro. Trichet et les gouverneurs des banques nationales européennes prennent en charge la mission euro à travers l'embrayeur *nous*. On peut donc parler d'un sujet collectif compact. Le *nous* est alors, comme le suggère Benveniste (1996 : 234-235), "d'une manière générale, la personne verbale au pluriel qui exprime une personne amplifiée et diffuse".

3.2. Le discours de vulgarisation

Pour le linguiste français Yves Gambier (1998 : 53), la vulgarisation

> n'est pas simple véhicule avec 'perte d'information' (par rapport à un énoncé standard, idéalisé) mais réappropriation avec transformations intralinguistiques et sémiotiques, reformulations, sous-tendues par les interlocuteurs en présence, leurs expériences, leurs habitudes discursives.

Nous avons laissé de côté les tournures reformulatives typiques des discours qui vulgarisent la terminologie (*c'est-à-dire*, *à savoir*, *en d'autres termes*, etc), et nous nous sommes intéressés à deux procédés que Trichet emploie afin de vulgariser son discours : la métaphorisation du sport et l'isotopie sémantique de l'architecture.

3.2.1. Les métaphores sportives

La construction de l'Europe monétaire a bouleversé les habitudes des citoyens européens et a inquiété ceux qui avaient peur de perdre une partie de leur identité nationale. Les occurrences analysées ci-dessous sont apparues dans un discours prononcé après l'introduction de la monnaie unique, le 22 février 2002. On pourrait donc postuler que la métaphore sportive chez Trichet, après l'introduction de l'euro, est un moyen rhétorique pour rassurer l'opinion publique, rejoignant ainsi la suggestion de McCloskey (1986 : 76-78) :

> Much of the vocabulary of economics consists of dead metaphors taken from non-economic spheres [...]. Few would deny that economists frequently use figurative language. [...] The more austere the subject the more fanciful the language.

La métaphorisation est donc liée au besoin du locuteur d'aborder de façon didactique l'argumentaire proposé. De plus, la métaphore est un procédé qui, selon Ricoeur (1975), doit être étudié à travers l'interaction des mots dans la phrase. On peut en déduire que le sens métaphorique ne réside pas uniquement dans le mot mais dans l'énoncé métaphorique pris dans sa totalité (verbes, substantifs, etc.). Les métaphores repérées dans le discours de Trichet appartiennent à un champ sémantique très spécifique : le sport. La métaphore sportive, très employée en politique[14], aide le locuteur à mettre l'accent sur l'aspect iconique et familier des comparaisons activées. En particulier, les métaphores du football et du rugby chez Trichet pourront évoquer du vécu chez le destinataire, facilitant ainsi la compréhension du message comme en (7) :

> (7) D'abord, en ce qui concerne la Banque centrale européenne et le Système européen de banques centrales, j'aimerais proposer une métaphore qui pourrait éclairer mon propos. Il y a une *équipe monétaire* européenne composée de *douze joueurs*, la BCE et les 11 banques centrales nationales. C'est toute l'équipe monétaire des douze qui *joue sur le terrain*, avec un

---

[14] Selon Bonnet / Desmarcheliers (2007 : 5), "il est aisé d'entrevoir les liens qui peuvent rapprocher la performance des sportifs de haut niveau des engagements des professionnels de la politique. Si la parole constitue bien un acte, alors la rhétorique est un mouvement".

seul *"esprit d'équipe"*, qui constitue un des atouts inestimables de l'Europe. (Francfort, 22/02/1999)

Trichet aborde les métaphores sportives avec une attitude métadiscursive. Il anticipe, de façon explicite, son propre discours : *j'aimerais proposer une métaphore qui pourrait éclairer mon propos*. La métaphore créée par Trichet, qui n'est pas un simple ornement de son énonciation, laisse entrevoir les ressemblances entre le football et la construction de l'"équipe monétaire". Il est important de souligner le contexte historique dans lequel ce discours a été prononcé : l'année 1999 a été marquée par une série d'échéances cruciales pour l'Union européenne. Le lancement de l'euro, l'euro zone (11 pays choisis), la création du MCE2[15] et l'adoption du PASF[16]. L'année 1999 a vu aussi une vague remarquable de fusions d'entreprises en Europe. L'emploi d'une métaphore sportive dans ce discours acquiert alors un poids argumentatif et didactique très important. Trichet présente le défi de l'euro comme un match de football où les douze joueurs sont soudés par un esprit d'équipe. Il ajoute à la coloration sportive de la métaphore la personnification[17] ("douze joueurs") des banques centrales et de la BCE (mise sur le même plan).

L'occurrence qui suit, extraite du discours que Trichet a prononcé à Londres en 2002, présente une autre métaphore sportive : on passe du football au rugby. A noter le caractère toujours collectif des sports choisis par Trichet :

(8) A ce stade, on peut se demander quels sont les facteurs d'une réussite totale de l'euro et de l'UEM à moyen terme. A mon avis, une métaphore issue du rugby s'impose : avec l'introduction des billets et des pièces en euros, nous avons *marqué un essai*. Maintenant, nous devons le *transformer*. Je pense que nous devons relever trois défis de taille : réformes structurelles, stabilité financière et élargissement de l'Union européenne. (Londres, 12/02/2002)

---

[15] Mécanisme de change européen.
[16] Plan d'action pour les services financiers qui allait vers un marché de services
[17] L'euro a été objet de personnification même en anglais, comme l'explique Resche (1998 : 77) : "A en juger par les collocations verbales, on attend la monnaie unique comme on attend un enfant : 'due to *arrive*'. [...] Tony Blair a même été qualifié de 'euro *midwife*' et Helmut Kohl chargé de mettre le bébé au monde 'to *deliver* the euro'."

De toute évidence, ces occurrences présentent une monnaie unique qui ne vit plus dans l'imaginaire collectif : elle est personnalisée en "équipe".

3.2.2. L'isotopie de l'architecture

Après la métaphorisation, nous allons illustrer le procédé qui concoure à créer la cohérence sémantique d'une séquence discursive ou d'un message : l'isotopie sémantique. D'après Greimas (1966) et ensuite Rastier (1996), l'isotopie sémantique est fondée sur la redondance d'un même trait ; une telle cohérence concerne principalement l'organisation sémantique du discours[18]. Dans le discours de Trichet, l'isotopie concerne le domaine de l'architecture[19] dans son acception la plus technique (à savoir la terminologie de l'ingénierie). Les occurrences suivantes construisent une cohérence sémantique liée à l'idée du "bâtiment euro". Les verbes employés renvoient à l'action de construire comme en (9) et (10) :

(9) Premièrement, l'Union économique et monétaire *repose sur des fondations théoriques et économiques solides et profondes* qui ont permis une introduction réussie de l'euro sur les marchés de capitaux.

(10) Selon un dicton français, *il ne faut pas bâtir sur le sable.* C'est pourquoi le traité de Maastricht a institué des critères de convergence auxquels les pays doivent se conformer durablement pour participer à l'Union monétaire. (Francfort, 22/02/1999)

L'occurrence présente de plus l'utilisation d'un argument de communauté, à savoir le dicton. L'argument de communauté, qui mobilise des croyances ou un savoir commun, vient en aide au locuteur qui vulgarise son message à travers un figement.

---

[18] Pour Rastier (1996 : 66-67), la cohésion d'un texte se construit à travers la récurrence d'éléments de sens appartenant à la même catégorie. Ce qui est intéressant, c'est qu'il est question de création d'isotopie à la fois entre des mots isolés, dans un paragraphe et dans un texte entier, c'est-à-dire qu'une isotopie sémantique se constitue à la lecture indépendamment des structures syntaxiques, que ce soit en-deçà ou au-delà de la limite de la phrase.

[19] Les titres que Trichet donne à ses argumentations sont les traces de la présence des sèmes de l'architecture, comme dans : "L'euro est construit sur des fondements solides. L'architecture de l'eurosystème". (Londres, 12/02/2002)

L'isotopie de l'architecture est présente dans le discours de Trichet à travers une terminologie technique qui renforce l'énonciation. On aura alors des occurrences qui contiennent des termes de l'ingénierie édile, comme dans les exemples (11) à (13) :

> (11) Il [= l'euro, S.M.] représente la *clé de voûte* du marché unique européen qui assurera la prospérité en Europe. (Francfort, 22/02/1999)
>
> (12) [...] Une autorité monétaire indépendante, transpartisane, assurant un *socle solide* de stabilité monétaire à cette démocratie moderne pour permettre son plein épanouissement. [...] D'abord, parce que la stabilité des prix me paraît être *un socle indispensable à l'édification* de la stabilité financière, sa condition nécessaire, sinon suffisante. (Paris, 30/05/2000)
>
> (13) Ces deux éléments [= passeport européen et surveillance, S.M.] constituent *les piliers* de notre dispositif prudentiel européen. (Francfort, 28/09/2000)

Les occurrences citées permettent de souligner l'existence d'une cohésion au niveau discursif entre les éléments sémantiques des discours. Ces éléments, appartenant à la même catégorie sémantique (à savoir les sèmes de l'architecture), créent un parcours interprétatif qu'il faut détecter au fil du texte (en liant substantifs, verbes, expressions figées, dictons, etc.).

4. Conclusion

Cette brève étude nous a permis de dégager certains des procédés discursifs les plus significatifs employés par Trichet pour argumenter en faveur de l'euro. On a ainsi dessiné deux visées argumentatives différentes mais complémentaires : le discours d'expert et le discours de vulgarisation. Manifestement, Trichet mobilise l'un des deux procédés par rapport à l'auditoire auquel il s'adresse : il exploite les renvois à l'expertise interdiscursive et à l'argument d'autorité quand il s'adresse à un public "technique" (c'est-à-dire les banquiers et les agents économiques) et il utilise le procédé métaphorique et la redondance d'un même trait (isotopie) quand il a affaire à un public moins "technique" (à savoir les journalistes et le grand public). Nous avons également démontré que le clivage entre discours d'expert et discours de vulgarisation est lié à un contexte politico-économique précis : les discours contemporains du lancement de l'euro et de sa mise en place appellent une simplification à la fois sémantique et symbolique.

Références citées

Adam, Jean-Michel (1999) : *Linguistique textuelle. Des genres de discours aux textes*. Paris : Nathan. [= Fac Linguistique].

Bakhtine, Mikhail Mikhailovich (1970[1929]) : *La Poétique de Dostoievski*, trad. fr. Paris : Seuil. [= Points Essais. 372].

Beneveniste, Emile (1996[1966]) : *Problèmes de linguistique générale*. Paris : Gallimard. [= Collection Tel. 7].

Bonnet, Valérie / Desmarchelier, Dominique (2007) : "Présentation." In : *Mots. Les langages du politique* 84, 5 – 7.

Charaudeau, Patrick (1993) : "Des conditions de la mise en scène du langage." In : Decrosse, Anne [Ed.] (1993) : *L'Esprit de société : vers une anthropologie sociale du sens*. Liège : Mardaga. [= Philosophie et langage]. 27 – 65.

Ducrot, Oswald (1984) : *Le dire et le dit*. Paris : Minuit. [= Propositions].

Gambier, Yves [Ed.] (1998) : *Discours professionnels en français*. Francfort : Peter Lang. [= Nordeuropäische Beiträge aus den Human- und Gesellschaftswissenschaften. 16].

Greimas, Algirdas Julien (1966) : *Sémantique structurale*. Paris : Larousse.

Kaikati, Jack G. (1999) : "The Euro Versus the U.S. Dollar: An Overview." In : *Journal of World Business* 34, 171 – 192.

Lerat, Pierre (1995) : *Les langues spécialisées*. Paris : PUF. [= Linguistique nouvelle].

Maingueneau, Dominique (2000) : *Analyser les textes de communication*. Paris : Nathan.

McCloskey, Deirdre (1986) : *The rhetoric of economics*. Brighton : Harvester Press.

O'Hara, Maureen / Shaw, Wayne (1990) : Deposit Insurance and Wealth Effects: the Value of Being 'Too Big to Fail'" In : *The Journal of Finance* 5, 1587 – 1600.

Plantin, Christian (1996) : *L'argumentation*. Paris : Editions du Seuil. [= Mémo. 23].

Rastier, François (1996[1987]) : *Sémantique interprétative*. 2ème éd. cor. et augm. Paris : PUF. [= Formes sémiotiques].

Resche, Catherine (1998) : "Discours métaphorique et monnaies : les particularités de l'euro." In : *ASp* 19-22, 67 – 88.

Ricoeur, Paul (1975) : *La métaphore vive*. Paris : Editions du Seuil. [= L'ordre philosophique. 23].

Spillner, Bernd (2007) : "Discours économique : variétés intralinguistiques et différences contrastives." In : Behr, Irmtraud / Hentschel, Dieter / Kauffmann, Michel / Kern, Anja [Eds] (2007) : *Langue, économie, entreprise : le travail des mots*. Paris : Presses Sorbonne Nouvelle. [= Langue, discours et société, Allemagne, Autriche, Pays-Bas. 5-6]. 117 – 145.

Micro-analyses

Fida Baraké

Les néologismes dans le discours journalistique : reflets et images des bouleversements économiques

1. Introduction

La période était propice pour une telle étude [= la comparaison des deux éditions du petit Larousse, F.B.] ; elle se situait à l'issue de la Seconde Guerre mondiale, de l'Occupation. Les transformations politiques et sociales résultant de la guerre ne devaient pas manquer de se faire jour dans le lexique.

C'est ce qu'affirmait Guilbert (1975 : 36) dans son commentaire sur la comparaison de deux éditions du petit Larousse de 1949 et 1960. En effet, le lexique est fortement influençable par des facteurs extralinguistiques, comme les inventions, les découvertes et les nouveautés. Celles-ci se produisent dans la société et font subir à la langue des changements qui la rendent adéquate aux exigences de besoins toujours renouvelés. De nos jours, la présence de mots étrangers ou nouveaux dans la langue est en fait principalement due à la mondialisation de divers aspects de la vie quotidienne et en particulier à l'économie qui, en liant les pays et les régions du monde entier dans un réseau d'échange de produits et de services, joue un rôle primordial dans la mondialisation.

Si, au XIXème siècle, l'industrie faisait constamment la une des journaux et des discussions, l'économie est devenue aujourd'hui l'axe majeur de la vie des êtres humains presque partout dans le monde. Ce sont surtout les évènements économiques qui conditionnent en quelque sorte la vie des hommes que ce soit dans leur travail ou dans leur vie familiale ou sociale. L'exemple le plus significatif est la dernière crise économique qui a touché le monde et a engendré des altérations non seulement au niveau de la vie politique, sociale, etc. mais également au niveau de la langue et plus particulièrement du lexique. L'activité économique, avec tous ses hauts et ses bas, influence en effet de façon plus ou moins directe l'aspect linguistique de la vie des hommes – nouveautés lexicales, emprunts, etc.

Nous nous proposons dans cette contribution de donner un petit aperçu de la crise des *subprimes*, des néologismes et d'une analyse que nous avons faite d'un corpus formé à partir d'articles des journaux *Le Monde* et *Les Echos,* afin de démontrer la présence – ou non – de liens entre d'une part l'apparition de néologismes dans les journaux et d'autre part le déroulement des événements qui se produisent dans le monde, en particulier les bouleversements économiques, et notamment la crise des *subprimes*. Nous donnerons des exemples qui illustrent la vie et la mort des néologismes, les marques qui les accompagnent et le néologisme comme indicateur de source. Pour commencer, nous jugeons indispensable de donner un aperçu de cette crise, son déclenchement, ses causes et ses conséquences.

2. La crise des *subprimes*

> C'est du petit marché des subprimes, du nom de ces crédits hypothécaires américains risqués, que tout est parti. (Delhommais / Gatinois / Michel 2008 : 18)

Comme son nom l'indique, la crise des *subprimes* est intimement liée aux prêts hypothécaires dits *subprimes* employés dans les banques des États-Unis ; ils sont à l'origine de cette crise qui a bouleversé le monde. Afin de bien pouvoir assimiler les causes et les effets de cette crise, il convient de préciser la notion de prêts *subprimes*[1].

2.1. Le prêt *subprime*

D'après Jacquillat / Levy-Garboua (2009 : 32), le prêt dit *subprime* fut mis en place à la fin des années 1990 afin de permettre aux gens aux revenus modestes d'acquérir une maison. Il porte sur une fraction importante du prix de la propriété et il est de longue durée (trente ans en général). Ce type de prêt peut être à taux d'intérêt fixe ou variable. Dans ce dernier cas, les deux ou trois premières années sont à taux fixe, puis l'on change de procédure (la *reset period*) et l'on passe à un taux variable qui est en général plus élevé que le taux

---

[1] Sur toute cette problématique, *cf.* la contribution de Janot à ce volume.

fixe initial. Cette augmentation du taux d'intérêt vise à inciter les emprunteurs à rembourser une plus grande somme du prêt durant les deux ou trois premières années et à refinancer la maison auprès d'une autre banque. Avec la hausse des prix de l'immobilier, la solvabilité de l'emprunteur s'améliore et facilite alors le refinancement de sa dette avec des taux d'intérêt moins élevés. Cette chaîne se conclut par une procédure effectuée par les banques : la titrisation. Cette technique, née dans les années 1970, consiste à transformer des crédits bancaires en titres financiers achetés par les investisseurs du monde entier.

2.2. Le déclenchement de la crise

L'hypothèse de base du fonctionnement du système des *subprimes* suppose une hausse continue des prix immobiliers, comme ce fut le cas jusqu'en 2006. Les ménages qui empruntent aux banques des prêts hypothécaires *subprimes* se trouvent alors dans un cycle difficile à briser : la plupart d'entre eux consacrent autour de 40% de leur revenu au remboursement des mensualités, laissant très peu d'argent pour les dépenses quotidiennes. La seule solution qu'ils envisagent est alors le refinancement. En fait, la valeur de leur habitation augmentant, leur richesse augmente et ils peuvent emprunter davantage. C'est ainsi qu'ils contractent de nouveaux prêts gagés sur la valeur de leur maison pour consommer ou tout simplement pour s'acquitter des mensualités de leurs autres crédits. Or, cette technique n'est possible que si les prix immobiliers progressent de manière continue. En 2007, lorsque les prix immobiliers ont commencé à se replier aux États-Unis, l'effet pervers de cette technique s'est fait jour. On observe alors un effet domino : l'immobilier est en baisse, les ménages ne sont plus capables de refinancer leur dette et se trouvent par suite incapables de rembourser les mensualités aux banques. Ces dernières se trouvent obligées de mettre la main sur la propriété achetée, mais se trouvent face à une perte, puisque la valeur des habitations est devenue inférieure à la valeur des crédits qu'elles étaient supposées garantir. Elles mettent les maisons en vente, contribuant ainsi à une baisse supplémentaire des prix de l'immobilier, justifiée par la loi de l'offre et de la demande. Le problème se répand ensuite dans tout le système financier à travers les titres qui ont été montés précédemment.

2.3. Les répercussions de la crise

La crise ne concerne plus que les États-Unis et les crédits immobiliers mais s'étend sur tous les types de crédits qui ont été titrisés (crédits automobile, à la consommation, etc.). Ces dernières années, les banques ont constitué des "paquets de crédits *subprimes*", ainsi que des paquets mixtes contenant des crédits *subprimes* et d'autres crédits hypothécaires. Les risques de défaillance de ces "paquets" étaient supposés être inférieurs à ceux des crédits pris séparément, ce qui n'était pas le cas vu l'interdépendance des risques pris sur chaque crédit.

Aujourd'hui, il existe d'une part des investisseurs du monde entier qui possédaient des dettes américaines titrisées, ce qui signifie que tous les agents financiers (banques, assureurs, etc.) ayant investi sur les marchés de crédit etc. par le biais de la titrisation, sont touchés. D'autre part, un sentiment de méfiance règne entre les banques qui n'osent plus se prêter de l'argent, inquiètes de ne pas pouvoir récupérer leurs fonds en cas de faillite de la banque emprunteuse. Cette paralysie bancaire engendre actuellement une lenteur dans le retour à l'activité économique normale.

2.4. La crise économique et les néologismes

Ces mouvements dans le monde économique ont impérativement été discutés dans les journaux et les médias. L'absence de l'origine première de la crise (les prêts *subprimes*) au sein des systèmes français et sa provenance des États-Unis nous poussent à croire qu'il est fort probable de trouver des néologismes s'y rapportant, notamment les anglicismes. Avant de regarder ceci de près, il convient de s'arrêter sur la notion de *néologisme*.

3. Les néologismes

Les néologismes sont de nouvelles unités lexicales ou sémantiques utilisées fréquemment dans les discours d'un groupe déterminé (jeunes, experts, chercheurs, etc.) et en attente d'être intégrées, ou non, dans la langue.

La néologie ne reflète pas seulement la progression d'une langue :

> Une langue qui ne connaîtrait aucune forme de néologie serait déjà une langue morte, et l'on ne saurait contester que l'histoire de toutes nos langues n'est, en somme, que l'histoire de leur néologie. (Quémada 1971 : 138)

Elle reflète aussi l'évolution de la société qui parle cette langue, de sa pensée et même de ses technologies et ses relations avec le monde. En effet, Baraké (2004) donne l'exemple de la ville de Tripoli (Liban) où l'on observe des emprunts au russe, entre autres pays, des termes exclusivement militaires (*molotov*, *kalashnikov*) puisqu'à l'époque de l'intégration de ces mots dans la langue arabe, les commerçants d'armes libanais importaient leurs marchandises de l'ex-Union soviétique. Ainsi, nous pouvons remarquer que l'étude du lexique d'une région peut révéler son activité, son histoire et ses relations avec les autres régions.

De nos jours, nous rencontrons des néologismes partout : dans les discours oraux, comme dans les revues, les journaux, et les bandes dessinées. Cependant, ceci n'a pas toujours été le cas ; en fait, la néologie et les néologismes n'ont pas toujours été reçus à bras ouverts. Bien au contraire, ils étaient considérés comme étant un sujet très conflictuel autour duquel, comme le remarquent Pruvost / Sablayrolles (2003 : 48), débattaient écrivains et poètes.

3.1. Historique

> La Néologie est un art, le Néologisme est un abus. (Dictionnaire de l'Académie, [article néologisme]).

Jusqu'à la fin du XIXème siècle, *la néologie* avait une connotation neutre, ou même parfois méliorative, alors que *le néologisme* avait un sens péjoratif. A travers l'histoire, on encourageait l'enrichissement de la langue par tous les moyens possibles tant qu'on se basait sur des mots préexistants du vocabulaire, mais on expulsait l'emprunt : "Use de motz purement Françoys" (Du Bellay cité par Pruvost / Sablayrolles (2003 : 46)). On favorisait également la réutilisation des mots déjà existants et qui avaient été négligés ainsi que l'emprunt interne aux dialectes et aux langages de métiers. Le principe sur lequel bon nombre d'écrivains se basaient était que la néologie risquait de faire dégénérer la langue française de la perfection où ils jugeaient qu'elle était parvenue. Au début du XIXème siècle, Hugo, cité par Mejri (1995 : 40), condamne la néologie et la qualifie de "misérable ressource de l'impuissance" alors que Chateaubriand et Balzac l'encouragent et l'emploient même dans leurs ouvrages (Pruvost / Sablayrolles 2003 : 51). Ce n'est que vers la deuxième moitié du XIXème siècle que les néologismes et les emprunts ont commencé à être tolérés par les élites. C'est alors que le couple néologie/néologisme est perçu comme le décrit Guilbert (Mejri 1995 : 41) : la néologie est "le processus de la création lexicale inhérente au système linguistique et au développement de la société" et le néologisme est "le produit de ce processus".

3.2. Les critères de néologicité

On pourrait croire qu'il est assez aisé de reconnaître un néologisme, de par sa forme ou son sens nouveaux. Or, la nouveauté elle-même est un critère assez subjectif. Rondeau (1984 : 126) précise que "Elle [= la nouveauté, F.B.] se définit par rapport à un critère *subjectif* que l'on pourrait appeler le *sentiment collectif des sujets parlants*".

En fait, Rondeau (1984 : 126) distingue trois étapes par lesquelles passent les néologismes : la nouveauté, la fixation dans l'usage définie par l'entrée des mots dans les dictionnaires, et enfin le vieillissement (qui peut lui-même être un réservoir pour la première étape). Or, les limites qui séparent ces étapes sont assez floues. Un mot peut passer de la première étape directement à la troisième tandis que d'autres traversent la première rapidement pour prendre place dans la seconde et s'y maintenir.

3.3. Typologie des néologismes

Avant de continuer à discuter de ce phénomène créatif qui est au cœur de cette étude, il est primordial de définir les différents types de néologismes. Il est à noter qu'il n'existe pas une seule et unique façon de classer les néologismes ; chaque terminologue adopte une typologie selon un critère déterminé qu'il juge convenable. Dubuc (2002 : 117-118) les classe suivant les besoins qui les suscitent : la néologie stylistique, la néologie technologique, la néologie sociale et la néologie fonctionnelle. De son côté, Louis Guilbert classe les néologismes en quatre catégories : le néologisme onomatopéique, le néologisme morphologique, le néologisme sémantique et le néologisme allogénique.

Pour la présente analyse, nous avons opté pour un classement assez simple et exhaustif à la fois, adapté à notre étude et à nos besoins et fondé sur les procédés de formation des néologismes. Ce classement, inspiré du modèle développé par Sablayrolles (2000), divise les néologismes en deux grandes catégories : les néologismes formels et les néologismes sémantiques.

3.4. Les néologismes formels et les emprunts

3.4.1. Les néologismes formels

Comme leur nom l'indique, les néologismes formels sont de nouvelles formes lexicales utilisées pour désigner une réalité apparue récemment, que ce soit un concept emprunté à une autre culture ou une nouvelle invention. Ils sont formés avec les ressources morphologiques de la langue ; ils peuvent être des néologismes formels par dérivation (préfixation ou suffixation) ou par composition (compositions actuelle, savante, hybride).

3.4.2. Les emprunts, les xénismes et les calques

Toute civilisation a eu des relations avec des peuples divers à travers les échanges commerciaux, les guerres, les colonisations et les explorations. Il en découle qu'aucune langue n'a été à l'abri des contacts avec les autres langues ; elles ont toutes reçu des influences quelconques, si minimes soient-elles, d'où viennent les emprunts. Guilbert (1975 : 89) atteste que "l'emprunt est un phénomène linguistique dont l'étude va de pair avec l'histoire de la formation d'une langue". En fait, l'emprunt est une forme de néologie formelle que le *Dictionnaire de linguistique et des sciences du langage* (Dubois *et al.* 1999 : 322) décrit comme "le phénomène sociolinguistique le plus important dans tous les contacts de langues".

On observe parfois des emprunts appelés xénismes, définis par Neveu (2004 : 305) comme étant "la première étape du processus d'emprunt d'un mot à une langue étrangère". Ces termes ne subissent pas de modifications du point de vue morphologique et sont employés dans la langue hôte sans les marques de genre et de nombre. Le calque est, quant à lui, la traduction littérale d'une expression complexe ou d'un mot en emploi figuré dans une autre langue.

3.5. Les néologismes sémantiques

Les néologismes sémantiques sont les mots déjà existant dans la langue auxquels on attribue un sens nouveau. D'après Cabré (1998 : 256), ce type de néologisme peut se former selon trois procédés principaux : l'extension du signifié de la forme de base, la restriction du signifié de la forme de base et le changement du signifié de la forme de base.

Nous nous intéressons ici surtout aux néologismes formels et aux emprunts plutôt qu'aux néologismes sémantiques car la méthode d'extraction des néologismes que nous avons utilisée est automatique et a été effectuée grâce à des outils informatiques ne permettant pas de rendre compte des néologismes sémantiques puisqu'ils se limitent aux critères formels. A partir de l'analyse d'exemples tirés de notre corpus, nous allons voir comment le néologisme apparaît avec l'événement et disparaît avec lui pour parfois renaître avec la survenue d'événements similaires ; comment il apparaît puis réapparaît dans des collocations différentes selon l'événement en question, et enfin, à quel degré l'auteur de l'article a conscience du fait qu'il utilise un mot nouveau qui est peut-être, et le plus probablement, inconnu du lecteur.

4. Analyse

4.1. Corpus

L'étude des néologismes dans le domaine économique nécessitait des textes récents et non spécialisés. Nous avons alors choisi de travailler sur des articles du *Monde* et des *Echos* qui nous ont été fournis par l'équipe de recherche de l'UFR EILA à l'Université Paris 7. Ces articles constituent le corpus idéal pour nous, puisqu'ils répondent aux critères fixés par L'Homme (2004 : 126) : c'est un corpus comportant des articles rédigés en français, non traduits pour la plupart, autour d'un domaine spécifique, à savoir l'économie. Ce sont des textes de vulgarisation dont la majorité est écrite par des non-experts s'adressant à des personnes ayant aucune ou très peu de connaissance dans la matière traitée. Les articles sont récents (2007-2008) et donc convenables pour cette étude qui porte sur les mots nouveaux dans la langue.

4.2. Le dépouillement et le dictionnaire d'exclusion

D'après Mejri (2006 : 545), X est un néologisme dans Z, si $x \notin Z$ à t (Z étant l'ensemble des unités lexicales [formes et emplois] de la langue étudiée et t le repère temporel choisi pour l'étude). Il ajoute que le repérage de ces néologismes exige les conditions suivantes :

- l'inventaire systématique de toutes les formes appartenant à Z à l'instant *t*
- un moteur de reconnaissance des formes
- des filtres effectuant le tri de toutes les formes non inventoriées.

Le dictionnaire (ou corpus) d'exclusion nous permet de vérifier l'existence ou de constater l'absence de l'unité lexicale dans une série d'ouvrages lexicographiques. Il est généralement composé de lexiques, de dictionnaires de langue générale, et parfois de textes entiers. Le dictionnaire d'exclusion utilisé ici est formé à partir de plusieurs sources (dont la plus importante est la table du LADL) :

- une liste de noms propres
- une liste des métiers et professions

- une liste des pays
- un dictionnaire des verbes conjugués
- une liste de noms communs
- des articles de *Libé* datant de 1992
- la liste des mots clés que nous avons établie.

Nous avons confronté ce dictionnaire d'exclusion à notre corpus, grâce à l'aide de Madame Alexandra Volanschi[2] et à ses connaissances poussées des scripts PERL. Suite à ce dépouillement automatique, nous avons procédé à un dépouillement manuel consistant à éliminer les lettres aléatoires (*abd*, *isf*, etc), les balises (<i>), etc. puis à regarder de plus près chaque signe. Nous avons eu recours à des dictionnaires de langue générale, tels que Le *Petit Robert* (2009), *Le Trésor de la Langue Française informatisé*, ainsi qu'à une douzaine de dictionnaires spécialisés du domaine économique afin d'éliminer les mots qui y sont déjà intégrés. Le tri final nous a donné une liste de 51 néologismes qui ont été au cœur de l'analyse.

5. Les néologismes et la crise économique

L'objectif principal de notre recherche est de trouver les liens – s'ils existent – entre l'apparition d'un néologisme et les évènements qui se produisent dans le monde. Notre corpus s'étend sur une année où le monde économique a été secoué par une forte crise économique : la crise des *subprimes* décrite précédemment. Nous concentrerons notre attention dans ce qui suit sur cette crise en particulier, sans pour autant négliger les autres évènements qui ont pu se produire dans ce créneau. Nous nous sommes servie des archives du *Monde* (1981-2009) pour trouver des contextes additionnels des néologismes et pouvoir déterminer si l'apparition d'un néologisme s'inscrit dans des contextes similaires à chaque emploi, et si, à travers le temps, ce contexte a changé.

---

[2] Maître de conférence à l'UFR EILA – Université Denis Diderot – Paris 7

5.1. Les néologismes révélateurs de leurs sources et leurs voyages

5.1.1. Les anglicismes

L'emprunt à l'anglais est très probable dans le domaine économique du fait que quelques types d'opérations ayant joué un rôle primordial dans la crise sont d'origine américaine et n'existent pas dans le système financier français.

Un bon nombre des anglicismes relevés sont en effet reliés à des évènements spécifiques, dont la crise financière des *subprimes*. Ainsi, le mot *asset-backed securities* désigne des valeurs immobilières utilisées dans le processus de titrisation des prêts hypothécaires *subprimes* qui est parmi les éléments à l'origine de la crise des *subprimes*. Son premier emploi dans Le Monde date de 2008, année où les discussions autour de cette crise étaient à leur apogée.

Mark to market est l'évaluation à la valeur du marché, une méthode utilisée pour ajuster la valeur comptable d'un instrument financier en fonction du cours ou du taux de marché à la date de l'ajustement. Dans les années 1990 et en 2003, ce mot était utilisé dans les rapports sur les marchés et les transactions. Or, en 2008, nous remarquons un changement de son contexte d'emploi : il est utilisé dans des articles discutant des causes et des conséquences de la crise des *subprimes*, d'autant que cette méthode de comptabilité était utilisée aux États-Unis avant la crise et a été parmi les causes de l'imprévisibilité de la crise économique.

Le néologisme *Chindia* désigne la Chine et l'Inde, en tant que forces économiques. Ce terme est employé en 2006 dans les articles portant sur les analyses des marchés alors qu'en 2008, il est employé dans des articles portant sur les effets de la crise économique et les conséquences que les agents économiques craignent, sans pour autant changer de sens.

5.1.2. Les emprunts indirects à l'anglais

Les néologismes cités ci-dessus sont des anglicismes, donc des emprunts dont l'origine est aisément détectable – le discours anglais. Or, d'autres néologismes de types différents peuvent sous-entendre leurs origines ou le chemin qu'ils ont suivi pour arriver à la langue française.

Tel est le cas du néologisme *déflationnaire*. En fait, l'adjectif dérivé du substantif *déflation* est *déflationniste* et non *déflationnaire*. Une recherche du contexte du mot nous a poussée à penser que l'article était une traduction de l'anglais, idée confirmée par l'article original localisé par une recherche sur *Google*. La comparaison des deux passages donne le tableau suivant :

Passage anglais original	Traduction française
But countries with structural surpluses, such as Germany, compel their partners to run the deficits Germans despise. In present circumstances, those deficits are evidently deflationary and could lead to waves of private, or even public sector, defaults. (*Financial Times*, 09/12/2008)	Mais les pays qui, comme l'Allemagne, présentent des excédents structurels et méprisent les déficits obligent précisément leurs partenaires à gérer de tels déficits. Dans les circonstances actuelles, ces déficits sont manifestement déflationnaires et pourraient conduire à des vagues de défauts de paiement dans le secteur privé, voire même dans le secteur public.

Tableau 1 : *déflationnaire* comme traduction de l'anglais

Nous remarquons que ce qui aurait pu être considéré comme un néologisme par suffixation (*déflation* + *-aire*) est en fait un calque de l'anglais.

D'après ce qui précède, nous pouvons remarquer que la crise des *subprimes* est omniprésente dans les articles économiques comportant des anglicismes, que ce soit dans ses causes, ses conséquences, ou dans les craintes qu'elle engendre. On peut donc voir la trace de l'influence directe ou indirecte de l'anglais.

5.1.3. Les emprunts à l'arabe

Les articles du corpus interrogé qui portent sur la finance islamique visent, d'une part, à introduire ce sujet auprès du grand public, à le définir et expliquer ses principes et son mode de fonctionnement, et d'autre part à annoncer les projets gouvernementaux de différents pays, tels que le Royaume Uni et la France, de créer des services financiers respectant les lois musulmanes. La consultation des archives du *Monde* nous a permis de remarquer que les idées varient, chronologiquement, entre doutes et questionnements autour de la finance islamique (1994), l'expansion de cette finance visant à des buts de dominance politiques, notamment dans les pays du tiers monde (2001), et sa présentation objective (2007). Cependant, notre attention a été particulièrement attirée par quelques articles classés dans la sous-rubrique de la *crise financière*, qui portent sur la crise des *subprimes* et qui précisent que les agents de la finance islamique, en investissant suivant les principes de cette dernière, n'ont pas misé sur les *subprimes* et ont par suite échappé à une fraction des dangers de ces crédits. Bien que cette idée soit mentionnée furtivement, la classification même de l'article sous la sous-rubrique de la *crise financière* souligne la relation que le rédacteur aussi bien que les experts perçoivent comme existant entre la finance islamique et la crise financière. Les mots relevés dans le tableau ci-dessous sont tous des arabismes, mots empruntés à la langue arabe, et sont tous rattachés à la finance islamique.

Néologisme	Variante
M*ou*charaka	M*u*charaka
M*ou*daraba	M*u*daraba
M*ou*rabaha	M*u*rabaha

Tableau 2 : Exemples d'arabismes

Nous pouvons remarquer que pour ces 3 mots, *mourabaha, moudaraba* et *moucharaka*, le son [u] est transcrit de deux manières différentes : tantôt en [u], tantôt en [ou]. Nous pouvons attribuer cela au fait que quelques journalistes puisent leurs sources dans des articles et des documents rédigés en anglais.

5.2. Vie et mort des néologismes

Le néologisme *anti-crise* est, comme son signifiant l'indique, intimement lié à la crise économique. Or, ses premières apparitions ne datent pas de la crise des *subprimes* (2006), mais d'une crise bien plus ancienne : celle de la Pologne. En fait, comme le montre le tableau ci-dessous, l'expression *pacte anti-crise* est apparue en 1988 dans un article de *Le Monde* portant sur la Pologne pour désigner l'accord auquel appelait l'opposition de l'époque afin de remédier à la crise politique et économique à laquelle faisait face ce pays. En 1990, ce même mot a été employé lors de la guerre du Golfe puis après le choc pétrolier de la même époque (*groupe anti-crise*). En 1993, le mot resurgit dans les articles portant sur les crises de Tchétchénie (*programme anti-crise*), alors qu'en 1994, ainsi qu'en 1998 (*plan anti-crise*), il est employé dans le cadre de la crise économique en Russie. Cependant, entre les années 1998 et 2007, nous ne trouvons aucune attestation de ce mot dans *Le Monde*. Il ne réapparaît qu'en 2008 avec la crise des *subprimes* :

Année	Collocation	Sujet
1988	*Pacte anti-crise*	Crise en Pologne
1990	*Groupe anti-crise*	Guerre du Golfe
1993	*Programme anti-crise*	Crises multiples en Tchétchénie
1994	*Plan anti-crise*	Crise économique en Russie
1998	*Plan anti-crise*	Crise économique en Russie
1998-2007	-	-
2008	*Anti-crise*	Crise des *subprimes*

Tableau 3 : Exemples de néologismes en collocations

Nous pouvons remarquer ici que le réemploi du mot *anti-crise* se fait en fonction des événements et que ce néologisme est toujours accompagné d'un autre mot, selon l'événement. Nous pouvons donc parler ici d'une néologie au niveau de la collocation plutôt qu'au niveau du mot seul.

5.3. Des anglicismes anciens : les archaïsmes

En observant uniquement les contextes français, nous remarquons qu'un bon nombre des anglicismes sont des emprunts assez anciens, utilisés depuis les années 1990 dans des contextes qui discutent des mêmes sujets que les contextes récents. Le terme *mark to market* est utilisé en anglais depuis le début des années 1980 et en français depuis 1991. Cependant, il n'a pas encore été inclus dans les dictionnaires économiques français – ni dans les dictionnaires de langue – bien que son emploi se poursuive dans les textes. Un article du *Monde* datant de 1994 propose lui un équivalent français : *valeur de remplacement*. Cependant, cet équivalent n'a pas fait long feu et n'a pas pu remplacer le terme anglais.

Il en va de même pour *cash-back* et *earn-out* – utilisés depuis 1993 sans être intégrés dans les lexiques ou les dictionnaires français –, ou *asset-backed securities* – qu'on continue à employer avec son sigle (ABS) bien qu'il ait un équivalent français qui est *fonds de titrisation sécurisés*.

Nous ne trouvons pas d'explication certaine à ce phénomène mais pouvons proposer quelques hypothèses quant à la non-intégration de ces mots dans les dictionnaires ainsi qu'à leur utilisation malgré l'existence d'un équivalent français. En fait, la connotation valorisante des mots anglais encourage les Français à garder ces termes plutôt qu'à les remplacer par leurs équivalents français. De plus, l'emprunt, n'étant pas une traduction, il ne perd aucune de ses connotations et permet alors de nuancer l'expression (Niklas-Salminen 1997 : 85) ; il garde un goût différent de celui de son équivalent national et un plus grand impact sur le public.

Quant à leur intégration ou non dans les dictionnaires, Rey-Debove (1971) citée par Mejri (1995 : 195) attribue l'absence d'un mot nouveau dans un dictionnaire à deux raisons principales : l'oubli et le rejet pur et simple. Dans le cas des néologismes que nous avons extraits, le rejet pourrait être une explication assez logique, surtout que quelques uns parmi eux possèdent des équivalents français, ce qui rend le mot anglais inutile aux yeux des lexicologues et des puristes qui essaient d'éviter autant que possible les emprunts.

5.4. Les marques accompagnant les néologismes

Le contexte le plus ancien de *cash-back* trouvé dans *Le Monde* (il date de 1993) donne des informations autonymiques sur le terme, l'expliquant et en proposant même un équivalent :

> Tout comme son synonyme *cash-back, buy-back* peut, et doit, être remplacé par l'expression *achat en retour*, dont l'emploi ne semble pas être

encore très usuel [...]. Pouvant donc être également traduit par *achat en retour*, l'anglicisme *cash-back* concerne en particulier une technique de vente promotionnelle.

Nous avons cherché cet équivalent proposé *achat en retour* dans les dictionnaires spécialisés ainsi que dans les dictionnaires de langue générale, en vain. Il n'est pas présent non plus dans les dictionnaires d'économie bilingues français-anglais consultés. Cependant, nous trouvons dans un dictionnaire anglais-français (Cicile 2008) le terme *cash-back* avec *rétrocession* comme équivalent français. Malgré cela, l'anglicisme continue à être utilisé et n'est pas remplacé par son équivalent français trouvé dans les dictionnaires ni celui proposé par le journaliste.

Une autre remarque que l'on peut faire autour de ce mot est que le journaliste en propose un équivalent (*Pouvant donc être également traduit par achat en retour*). La notion de nouveauté est donc renforcée par une suggestion d'équivalent bien que celui-ci soit introuvable dans les dictionnaires français. De plus, les marques du néologisme sont visibles dans le discours journalistique :

1. la typographie, le néologisme étant écrit en caractères italiques ;
2. les guillemets ;
3. une petite glose qui précède ou suit ;
4. un synonyme qui suit, équivalent dans le cas des emprunts ou d'une périphrase.

6. Conclusion

Au terme de cette analyse, nous pouvons donc constater que la crise des *subprimes* n'a pas été sans conséquences sur la langue française. Cet événement qui a touché le monde entier a entraîné la publication de discussions, d'analyses, de *flash-news*, de bilans et d'articles de toutes sortes dans différentes revues. Un bon nombre de ces articles servait d'abord à expliquer la crise économique au grand public, ensuite à discuter de ses causes puis de ses conséquences. Des néologismes sont apparus, parmi eux des néologismes liés à des événements spécifiquement relatifs à la crise économique des *subprimes* et employés afin d'expliquer ses causes, ses conséquences ou les moyens d'y remédier.

Ces termes qui sont spécialisés à l'origine, se sont vus vulgarisés pour la plupart des cas par leur contexte simplifié et définitionnel. Plusieurs parmi eux ont été empruntés à l'anglais (*cash-back*, *earn-out*), influencés par cette langue (*déflationnaire*) ou constitués par le journaliste grâce à une multitude de procédés dont la préfixation, la suffixation, la composition, etc. Cependant, nous ne nous attendions pas à trouver, entre autres, les arabismes, ce qui montre l'imprévisibilité des mouvements de la langue et des individus face aux besoins qui les poussent à puiser dans des sources étrangères.

Enfin, à la lumière de ce qui précède, nous pouvons affirmer que les phénomènes néologiques sont catalysés par les événements mondiaux, notamment ceux qui, comme la crise économique, touchent la vie des populations partout dans le monde. Nous pouvons alors considérer que l'apparition des néologismes dans notre corpus économique est reliée chronologiquement et surtout quantitativement aux événements actuels les plus importants.

Références citées

Baraké, Bassam (2004) : "Voyages des mots et communication : L'itinéraire des emprunts dans le parler quotidien de Tripoli – Liban." In : Mejri, Salah [Ed.] (2004) : *L'espace euro-méditerranéen : Une idiomaticité partagée. Actes du colloque international (Tome 2)*. Tunis : C.E.R.E.S. [= Cahiers du CERES. Série Linguistique. 12]. 23-33.

Cabré, Maria-Teresa (1998) : *La terminologie : théorie, méthode et applications*. Ottawa / Paris : Presses de l'Université d'Ottawa / Armand Colin. [= Regards sur la traduction].

Cicile, Jean-Michel (2008) : *Dictionnaire bancaire, économique et financier anglais – français, français – anglais*. Paris : Revue banque.

Delhommais, Pierre-Antoine / Gatinois, Claire / Michel, Anne (2008) : *Dossier spécial : La crise financière, La crise en questions*. In : *Le Monde, Horizons*, 17 septembre 2008.

Dubois, Jean *et al.* (1999[1994]) : *Dictionnaire de linguistique et des sciences du langage*. Paris : Larousse.

Dubuc, Robert (2002) : *Manuel pratique de terminologie*. 4eme éd. Québec : Linguatech.

Guilbert, Louis (1975) : *La créativité lexicale*. Paris : Larousse. [= Langue et langage].

Jacquillat, Bertrand / Levy-Garboua Vivien (2008) : *Les 100 mots de la crise financière*. Paris : PUF. [= Que sais-je ? 3846].

L'Homme, Marie-Claude (2004) : *La terminologie : principes et techniques*. Montréal : Les presses de l'Université de Montréal. [= Paramètres].

Mejri, Salah (2006) : "La reconnaissance automatique des néologismes de sens." In : Blampain, Daniel / Thoiron, Philippe / van Campenhoudt, Marc [Eds] (2006) : *Mots, termes et contextes. Actes des septièmes journées scientifiques du réseau de chercheurs Lexicologie, Terminologie, Traduction*. Paris : Éditions des archives contemporaines. 545-557.

Mejri, Salah (1995) : *La néologie lexicale*. Tunis : Publications de la Faculté des Lettres de la Manouba. [= Série Linguistique. 9].

Neveu, Franck (2004) : *Dictionnaire des sciences du langage*. Paris : Armand Colin.

Niklas-Salminen, Aïno (1997) : *La lexicologie*. Paris : Armand Colin. [= Cursus Lettres Linguistique].

Pruvost, Jean / Sablayrolles, Jean-François (2003) : *Les néologismes*. Paris : PUF. [Que sais-je ? 3674].

Quémada, Bernard (1971) : "A propos de la néologie comme essai de délimitation des objets et des moyens d'action." In : *La banque des mots* 2, 137 – 150.

Rondeau, Guy (1984) : *Introduction à la terminologie*. 2eme éd. Québec : Gaëtan Morin Editeur.

Sablayrolles, Jean-François (2000) : *La Néologie en français contemporain : examen du concept et analyse de productions néologiques récentes*. Paris : Honoré Champion. [= Lexica. 4].

Philippe Verronneau

Gibt es in den Börsen- und Finanznachrichten einen spezifischen Gebrauch von Nominalkomposita?

1. Einführung

Sucht man nach den Kriterien, die die Besonderheit der 'Fachsprache' ausmachen, so stößt man meistens auf eine Reihe lexikalischer Elemente, die als typisch für die jeweilige Fachsprache gelten sollen. Der Bezug auf ein gegebenes Fachgebiet kann zwar einen speziellen Wortschatz erfordern, aber der vorhandene Sprachfundus beruht selbst auf übergreifenden Wortbildungsprinzipien, die sorgfältig zu analysieren sind. Unter den Kennzeichen der 'Fachsprache' erwähnt Bußmann (2002: 211) nämlich "ein[en] differenziert[en] Gebrauch von Wortbildungsregeln, z.b. für mehrgliedrige Komposita". Ebenso stellt Roelcke (1999: 73) fest, dass "die Komposition einen der produktivsten Bereiche der fachsprachlichen Wortbildung im Deutschen [darstellt]".

Der Begriff 'Fachsprache' selbst ist zweideutig und wird oft zugunsten der Pluralform vermieden, was aber nicht alle Schwierigkeiten beseitigt: Fachsprachen werden meistens als "sprachliche Subsysteme" definiert (Bergmann *et al.* 2005: 127)[1], während Lerat (1995) diese Auffassung ablehnt und sich für den Begriff 'langue spécialisée' entscheidet[2].

Ohne näher darauf einzugehen, kann man sich fragen, ob eine bestimmte Fachsprache tatsächlich über eigene Strukturen verfügt und sich dadurch von der 'Gemeinsprache' unterscheidet. Als Untersuchungsobjekt dienen Börsen- und Finanznachrichten, die sich gewöhnlich durch den Gebrauch vieler Fachtermini kennzeichnen und deshalb auf die Existenz einer 'Börsensprache' schließen lassen (Fluck 1996: 60ff.). Charakteristisch für die Börsenberichte ist nämlich

---

[1] Siehe auch Fluck (1996: 11) und Cabré (1998: 115ff.).
[2] Lerat bestreitet die Existenz von 'Subsystemen' (1995: 11): "L'idée qu'il s'agit de 'sous-systèmes' est à la fois courante et fausse [...]." Er definiert den Begriff 'langue spécialisée' folgendermaßen (1995: 20): "c'est une langue naturelle considérée en tant que vecteur de connaissances spécialisées."

das Bedürfnis nach knappen und möglichst präzisen Benennungen, die über die Marktlage informieren. Das führt zu einer eigenartigen Kombination von Firmennamen, Kurzzahlen und Fachtermini, die dem Eingeweihten vertraut sind, aber für den Außenstehenden meist undurchdringlich bleiben. Diese spezifischen Ausdrucksbedürfnisse spiegeln sich am besten in den nominalen Komposita wider, weil sie die angepasste Terminologie liefern und sich damit zum sachlichen Bericht eignen. Die Zusammensetzung unter Verwendung von Abkürzungen oder Zahlen (*US-Börsen / EU-Wirtschaftsminister / CAC-40-Index*) lässt eine starke Kompositionsneigung vermuten, die auf drei Ebenen zu analysieren ist:

1) Welche Rolle spielen der Bindestrich und sonstige graphematische Besonderheiten in der Bildung von lexikalischen Konstruktionen, die meistens am Rande der nominalen Komposita behandelt werden?
2) Wie sind solche Kompositionsmuster semantisch zu interpretieren?
3) Wie funktionieren die untersuchten Komposita auf der Textebene? Sind sie als Erleichterung des Lesens und Verstehens zu betrachten oder eher als zusätzliche, schwer überwindbare Sprachbarriere für den Laien?

Die dritte Problematik (Textualität) erklärt, warum das Korpus nicht nur aus reinen Börsenberichten besteht, sondern auch aus Wirtschaftsartikeln, die die Börsensprache einem breiten Publikum zugänglich machen sollen[3]. Die Berichte bzw. Artikel, die ausgewählt wurden, behandeln folgende Themen:

Thema a: Sanierungsplan von Opel (vom 02.11.09 bis zum 09.02.10)
Thema b: Finanzkrise in Dubai (vom 26.11.09 bis zum 30.11.09)[4]

---

[3] Korpus A: Website www.boersennews.de
Korpus B: Website www.wiwo.de (Zeitschrift WirtschaftsWoche)
[4] Neben den zitierten Beispielen sind Kombinationen aus Groß- und Kleinbuchstaben zu finden, die einerseits auf die Quelle, andererseits auf das Thema verweisen. Zum Beispiel bedeutet die Angabe [Aa], dass das betreffende Beispiel der Webseite www.boersennews.de entnommen wurde und den Sanierungsplan von Opel betrifft.

2. Besonderheiten in der Kompositaschreibung

Charakteristisch für die Börsen- und Finanznachrichten ist die weit verbreitete Verwendung des Bindestrichs zwischen zwei lexikalischen Einheiten, die ein nominales Kompositum bilden. Der Bindestrich ist nämlich obligatorisch, wenn als Erstglied ein Initialwort auftritt, wie zum Beispiel *US*, das in den beiden Korpora am häufigsten belegt ist:

(1) US-Regierung / US-Präsident [Aa] US-Senat / US-Wirtschaft / US-Markt / US-Börsen / US-Währung [Ab-Bb] US-Konzern / US-Autobauer [Ba]

Zu den Initialwörtern zählen nicht nur geographische Eigennamen (*EU: Europäische Union* (2) / *VAE: Vereinigte Arabische Emirate* (3)), sondern auch Firmennamen (*GM: General Motors* (4) / *VW: Volkswagen* (5)) und einige Appellative (*Pkw: Personenkraftwagen* / *Lkw: Lastkraftwagen* (6)):

(2) EU-Staaten / EU-Länder / EU-Wirtschaftsminister / EU-Kommission [Ba]
(3) VAE-Zentralbank / VAE-Regierung [Bb]
(4) GM-Konzern / GM-Verwaltungsrat / GM-Vorstand / GM-Sprecher [Aa-Ba]
(5) VW-Stämme / VW-Eminenz [Ab]
(6) Pkw-Absatzzahlen / Pkw-Produktion [Aa] / Lkw-Bauer [Ab]

Der Bindestrich zeigt auch die Zugehörigkeit eines Finanzanalysten zu einem bestimmten Institut, das entweder mit vollständigem Eigennamen oder einfach mit Buchstaben bezeichnet wird:

(7) Commerzbank-Analyst / Ruland-Research-Analyst / Goldman-Sachs-Analysten / West-LB-Analysten / Standard & Poor's (S&P)-Bankenexperte [Ab] / DZ-Bank-Analyst [Bb]

In den Börsenberichten dient die Bindestrichschreibung häufig dazu, einen Index zu erwähnen (8) und gegebenenfalls die entsprechende Zahl zu präzisieren (9):

(8) Nikkei-Index / Topix-Index [Ab] / Nasdaq-Index [Bb]
(9) CAC-40-Index / S&P-500-Index [Bb]

Besonders beliebt ist der Bindestrich bei der Koppelung von Anglizismen, die über die Marktlage informieren (10). Dabei können Kurzwörter wie *Fed* (*Federal Reserve System*) auftreten (11):

(10) Mini-Long-Zertifikate / Mini-Long-Papiere / Knock-out-Schwelle / Cash-Flow [Aa]

(11) Fed-Chef [Bb]

Mit diesem Verfahren wird oft ein Fremdwort mit einem Wort des deutschen Kernbereichs kombiniert, und zwar nach folgendem Schema: Anglizismus als Erstglied / Wort aus dem heimischen Wortschatz als Zweitglied. Im Korpus B sind mehrere Beispiele dafür zu finden:

(12) Thanksgiving-Feiertag / "Underweight"-Empfehlung / Subprime-Krise / Online-Kaufhäuser [Bb]

Dies erstreckt sich auf eine ganze Reihe von Entlehnungen, die meistens mit Bindestrich vorkommen (13), aber unter Umständen die Zusammenschreibung nicht ausschließen (14):

(13) Dollar-Kurs / Dollar-Schwäche / Domino-Effekt / Shopping-Saison [Ab] / Internet-Blog / Blog-Beitrag [Ba]

(14) Dollarraum / Dominoeffekt / Jahresendrally [Ab] / Krisenmanager / Leasinganbieter [Aa]

Auffallend sind folglich unentschlossene Schreibungen, die am besten von folgenden Komposita veranschaulicht werden:

(15) Europa-Geschäft / Europageschäft [Aa]
(16) Golf-Staaten / Golfstaaten [Bb]
(17) Öl-Geschäft / Ölgeschäft [Bb]

Ein Grund für die Verwendung des Bindestrichs ist sicherlich die Hervorhebung der beiden Konstituenten, die zu einem Komposita zusammengesetzt werden, zum Beispiel in den folgenden Fällen:

(18) Investoren-Angebote / Technologie-Unternehmen [Aa]
(19) Bundesbank-Vorstand / Treuhand-Struktur [Ab]
(20) Ökonomen-Warnung / Immobilien-Boom [Bb]

Andere graphische Besonderheiten sind auch vertreten, jedoch in geringerem Ausmaß. In einigen Berichten ist nämlich die Getrenntschreibung ohne Bindestrich zu bemerken, vor allem für Anglizismen (21) und Firmennamen (22) oder sonstige Börseninstrumente (23):

>(21) Chief Operating Officer [Aa] / Credit Default Swaps [Ab] / European Employee Forum [Ba]
>(22) WGZ Bank [Ab] / GM Europa [Ba] / DZ Bank [Bb]
>(23) Nasdaq Composite [Ab]

Außerdem wird mitunter die sog. 'Binnengroßschreibung' praktiziert, vor allem bei Warenbezeichnungen des Typs *BahnCard*. Im Korpus wird diese neue Tendenz durch ein paar Beispiele veranschaulicht, und zwar durch den Namen selbst der ausgewählten Wirtschaftszeitschrift (24), sowie durch einen Firmennamen (25) und verschiedene Börsenindizes (26):

>(24) WirtschaftsWoche [B]
>(25) ThyssenKrupp [Ab]
>(26) MDax / TecDax [Bb]

3. Semantische Analyse

In den meisten Fällen dient der Bindestrich zur Bildung von Determinativkomposita: Grundsätzlich wird die zweite Einheit durch die erste determiniert. Charakteristisch dafür sind die Substantive, die mit dem Firmennamen *Opel* kombiniert werden: Sie bezeichnen Menschen, die eine bestimmte Funktion in der Firma innehaben (27), oder verschiedene Einrichtungen des Automobilherstellers (28):

>(27) Opel-Chef / Opel-Führung / Opel-Sprecher / Opel-Mitarbeiter / Opel-Beschäftigte [Ba]
>(28) Opel-Standorte / Opel-Werk / Opel-Stammsitz [Ba]

Dabei kann ein anderes Verfahren zur Anwendung kommen, das eigentlich in den Bereich der Derivation gehört: Die Konstruktionen *Opel-Sanierer / Opel-Sanierung* (29) sind als Sonderfälle zu betrachten, weil sie als Derivate einer

Wortgruppe funktionieren[5]. Als Basis dient nämlich die syntaktische Fügung *Opel sanier(en)*, an die das Suffix *-er* bzw. *-ung* angeschlossen wird:

(29) Opel-Sanierer / Opel-Sanierung [Ba]

Lässt man die letzte Wortbildungsart beiseite, so kann man nun auf die Determinativkomposita näher eingehen, um die Funktion des Bindestrichs semantisch zu erläutern. Die Bindestrichschreibung setzt ein eindeutiges Abhängigkeitsverhältnis zwischen den beiden Konstituenten voraus, sodass sie regelmäßig die Zugehörigkeit des zweiten Elements zu einem Ganzen unterstreicht[6]:

(30) Europa-Geschäft / Europa-Zentrale / Europa-Tochter [Ba]

Eine bedeutende Einschränkung dieses Musters wird von den beiden folgenden Belegen nahe gelegt: Beim Hinzufügen eines attributiven Adjektivs, das das zweite Element qualifiziert, wird die Bindestrichschreibung durch den Genitiv (31) bzw. durch die Präposition *von* (32) ersetzt:

(31) GM-Europachef / GMs *oberster* Vertreter in Europa [Ba]
(32) Opel-Gesamtbetriebsratschef / der *mächtige* Gesamtbetriebsratsvorsitzende von Opel [Ba]

Der letztgenannte Fall (32) liefert auch einen aufschlussreichen Hinweis auf die Strukturierung der mit Bindestrich gebildeten Komposita: In der Konstruktion *Opel-Gesamtbetriebsratschef* lässt der Bindestrich das Prinzip der Binarität hervortreten, das der Determinativkomposition zugrunde liegt. Dies erklärt sicherlich, warum diese spezifische Schreibung vorzugsweise in schwer überschaubaren Komposita auftritt, wie folgende Beispiele zeigen:

(33) Opel-Betriebsrat / Opel-Betriebsratschef / Opel-Gesamtbetriebsratschef [Ba]

---

[5] Dieses Verfahren wird bisweilen als 'Zusammenbildung' bezeichnet. Auf diesen Terminus kann jedoch verzichtet werden, da die Wortbildungsprodukte sich als Derivate einer Wortgruppe bestimmen lassen. Siehe dazu die Analyse von Fleischer / Barz (1995: 46f.) und Donalies (2005: 91ff.).

[6] Siehe auch die Kombinationen mit den Initialwörtern *US* (1) und *EU* (2), die ebenfalls dazu dienen, das rechte Element politisch oder wirtschaftlich einzuordnen.

(34) Schwellenländer-Währungen / Nutzfahrzeug-Zulieferer / Nutzfahrzeug-Chef [Ab]

(35) Bundesbank-Vorstandsmitglied [Ab]

Diese Konstruktionen haben eines gemeinsam: Mindestens eine ihrer Konstituenten zerfällt selbst in mehrere Bestandteile, was die Bedeutungsbeziehungen zwischen den lexikalischen Einheiten mitunter nicht so leicht erklären lässt. Solche Komposita sind nämlich auf drei unterschiedliche Strukturen zurückzuführen, die in den folgenden Diagrammen dargestellt werden[7]:

(33') Schema I: rechtsverzweigtes Kompositum
Opel   -   Betriebsrat
1   2
           a   b
           Betrieb Rat

(34') Schema II: linksverzweigtes Kompositum
Schwellenländer   -   Währungen
1   2
a   b
Schwelle Länder

(35') Schema III: beidseitig verzweigtes Kompositum (35)
Bundesbank   -   Vorstandsmitglied
1   2
a   b   a   b
Bund   Bank   Vorstand Mitglied

Die Schemata zeigen, dass der Bindestrich der Rezeptionserleichterung dient, indem er das Binaritätsprinzip explizit markiert. Insofern handelt es sich um eine wertvolle Hilfe für Studierende, die erst die richtige Segmentierung ausfindig machen sollen, um das Kompositum korrekt zu übersetzen. Die erläuternde Funktion des Bindestrichs kommt zum Beispiel im Schema II zum Vorschein: Die sofortige Identifizierung der beiden Einheiten (1: *Schwellenländer* / 2: *Währungen*) ermöglicht die semantische Analyse des Nomen-Nomen-

---

[7] Die Baumdiagramme sollen die Struktur der Komposita vereinfacht veranschaulichen und die lexikalischen Einheiten deutlich hervortreten lassen. Deshalb werden die Fugenelemente nicht aufgenommen.

Kompositums (1: Determinans / 2: Determinatum) und führt konsequent zu folgender Übersetzung ins Französische: *les monnaies* (2) *des pays émergents* (1). Außerdem kann der Bindestrich doppelt auftreten, insbesondere wenn das zweite Element von einem Eigennamen determiniert wird, welcher aus zwei Teilen besteht. Auf dieses Muster können solche Konstruktionen wie *General-Motors*(1)-*Chef*(2) zurückgeführt werden:

(36) General-Motors-Chef / GM-Europa-Vizepräsident [Aa]

(37) GM-Europa-Chef / IG-Metall-Bezirksvorsitzende [Ba]

(38) Deutsche-Bank-Titel / Dow-Jones-Index / Dubai-World-Tochter [Bb]

Der sog. 'Durchkopplungsbindestrich' steht auch bei komplexen syntaktischen Konstruktionen als Erstglied, die nicht selten Wert- oder Zeitangaben enthalten. Als Beispiel dafür gilt die Formel *ein 14-Jahres-Tief* (39), die nicht auf dem üblichen semantischen Schema der Determinativkomposition beruht, sondern eine *seit*-Relation voraussetzt: *der tiefste Stand seit 14 Jahren*[8]. Eine ähnliche Umschreibung gilt in Bezug auf die beiden anderen Formeln (40):

(39) ein 14-Jahres-Tief [Ab-Bb]

(40) ein Sechs-Wochen-Tief / ein Dreieinhalb-Wochen-Hoch [Ab]

Obwohl solche Formeln komplexe Bedeutungsbeziehungen zwischen den Konstituenten erkennen lassen, werden sie in den Börsenberichten weder erläutert noch paraphrasiert. Sie sind nämlich dem regelmäßigen Leser vollkommen vertraut, und jeder kann sich auf Weltwissen und Kontext stützen, um die richtige Interpretation auszuwählen. Andere Konstruktionen sind aber nicht so eindeutig und erfordern daher eine genauere Untersuchung auf der Textebene.

---

[8] Ebenso funktionieren die französischen Fachausdrücke *le plus haut* vs. *le plus bas*, die sich jeweils auf den höchsten und den niedrigsten Stand der Börsenkurse beziehen. Siehe z.B.: "L'or atteint un plus haut depuis 27 ans." (newsfinance.net)

4. Textanalyse

In den Börsenberichten des Korpus A sind mehrere Wortbildungsprodukte zu finden, die nicht isoliert auftreten, sondern sich auf eine spezifische kontextuelle Angabe beziehen. Es sind vor allem Zusammensetzungen aus Initialwort und Substantiv, die an eine im Vorkontext gelieferte Information anknüpfen. Als Beispiel dafür dient der Bericht vom 26.11.09 ("Banken drohen erneut Milliardenverluste"), in dem die Initialbuchstaben *IWF* erst mit der äquivalenten Vollform erscheinen (*Internationaler Währungsfonds*), dann in der knappen Formulierung *IWF-Chef* benutzt werden, nämlich in Bezug auf das Amt von Dominique Strauss-Kahn:

(41) Aber auch die am Vortag bekannt gewordenen neuen Schätzungen *des Internationalen Währungsfonds (IWF)* und der Bundesbank beunruhigten. [...] Skeptische Töne kamen auch von *IWF-Chef* Dominique Strauss-Kahn. (Ab 26-11-09 "Banken drohen erneut Milliardenverluste")

Ebenfalls werden manche Kurzwörter aus dem Englischen näher erläutert und erst dann mit Substantiven kombiniert. Auffallend sind zum Beispiel die Initialbuchstaben *CDS*, die im folgenden Beleg (42) schrittweise eingeführt werden: Zunächst wird die deutsche Übersetzung angegeben (*Kreditausfallversicherungen*), dann die englische Vollform in Klammern (*Credit Default Swaps*), schließlich tauchen zwei Komposita auf, die aus der englischen Kurzform und einem deutschen Wort bestehen (*CDS-Käufer* / *CDS-Markt*):

(42) Banken, die *Kreditausfallversicherungen (Credit Default Swaps, CDS)* für Staatspapiere aus Dubai verkauft haben, drohen zusätzliche Belastungen. Bei einer Pleite des Emirats müssen sie die *CDS-Käufer* auszahlen. Dem Wertpapierabwickler DTCC zufolge stehen *CDS* im Wert von 4,4 Mrd. $ auf Dubai aus. Beobachter halten das tatsächliche Volumen für größer, da der *CDS-Markt* nicht reguliert ist. (Ab 27-11-09 "Emirat in Not; Europas Banken zittern um Dubai")

Solche Reformulierungsverfahren, die von Elodie Vargas (2005) untersucht wurden, zeigen, dass die mit Bindestrich gebildeten Komposita häufig als Okkasionalismen gelten und deshalb einer Erläuterung bzw. einer Übersetzung der schwer verständlichen Konstituente bedürfen. Im Vergleich zu den Belegen

(41)-(42), die eine explizite Reformulierung veranschaulichen, kann jedoch die Bedeutung der Abkürzung nur angedeutet werden, zum Beispiel im folgenden Bericht, in dem die Bezeichnung *E-Autos* durch die Angabe *elektrische Antriebe* entschlüsselt wird:

> (43) Die Entwicklung *von elektrischen Antrieben* verschlingt Unsummen. Und vom Markt kommt so schnell nichts zurück. Bis sich die Investitionen in *E-Autos* rentieren, dürften noch Jahrzehnte vergehen. (Aa 23-12-09 "2010 wird grausam")

Die Suche nach kompakten Formeln erklärt sicher, dass die Komposita mit Bindestrich in der Werbesprache bevorzugt werden, und zwar zur Hervorhebung der Originalität eines Produkts. Dazu gehören verschiedene Wortbildungsarten wie zum Beispiel der Typ Adjektiv-Adjektiv-Nomen (44), der den außergewöhnlichen Charakter des Rabatts unterstreichen soll:

> (44) Die Käufer wären zwar in Massen in die Läden gestürmt, hätten jedoch vor allem *bei Super-Billig-Angeboten* zugegriffen. (Ab 30-11-09 "Leichte Aufschläge erwartet")

In diesen Bereich fallen auch komplexere syntaktische Fügungen, die Nomen mit einer Koordination verbinden können. Bemerkenswert ist die gewagte Konstruktion *das Brot-und-Butter-Auto* (45), die sich auf einen Werbeslogan von Opel bezieht: Der Automobilhersteller betont damit den günstigen Preis seines neuen Modells – wobei die zweite Hälfte des Slogans (*mit Kaviar-Option*) auf Luxusansprüche anspielt!

> (45) Und bei allen Minis, 1er-Serien und Geländewagen, die 5er-Limousine ist immer noch *das Brot-und-Butter-Auto* des Unternehmens. (Ab 27-11-09 "Dubai schockt den DAX")

Der Durchkoppelungsbindestrich dient auch zur Bildung von okkasionellen Komposita, die ein bestimmtes Argument stützen sollen. In den Worten eines Kreditmaklers (46) ist zum Beispiel das Kompositum *De-facto-Staatsunternehmen* zu finden, das sich auf das staatlich kontrollierte Konglomerat Dubai World bezieht und dessen Anspruch auf Staatshilfe erklären soll:

> (46) In der Vergangenheit haben sich Gesellschaften wie Dubai World als *De-facto-Staatsunternehmen* dargestellt, obwohl es keine rechtliche

Verpflichtung für die Regierung gab, sie zu stützen, und das hat sich mit der Ankündigung der letzten Woche ganz sicher verändert. (Ab 30-11-09 "Krise im Emirat; Dubai lässt Dubai World fallen")

Außerdem sind im Korpus B ein paar Komposita zu finden, die als Verbildlichung eines schwer durchschaubaren Tatbestands funktionieren und dabei das Interesse des Lesers wecken sollen. Als typisches Beispiel dafür gilt die Konstruktion *Opel-Poker*, die im folgenden Bericht (47) vorkommt. Der Kontext liefert einen eindeutigen Hinweis auf die Bedeutung dieser Formel: Es geht um die monatelangen Verhandlungen, bei denen mehrere Unternehmen die Kontrolle über den Autobauer Opel übernehmen wollen. Das Kompositum soll deshalb als *Poker um Opel* gedeutet werden, aber diese Interpretation ergibt sich vor allem aus kontextuellen Angaben. In einem anderen Zusammenhang könnte nämlich die Kombination *Opel-Poker* die umgekehrte Situation bezeichnen, und zwar das Pokern Opels um die Übernahme einer anderen Firma:

(47) Keine Alleingänge mehr: Um einen Subventionswettlauf um die Gunst von General Motors zu vermeiden, wollen die EU-Länder mit Opel-Standorten künftig gemeinsam mit dem US-Mutterkonzern verhandeln. Darauf haben sich die Vertreter der Länder bei einem Treffen in Brüssel geeinigt. Dort wurden auch die nächsten Schritte *im Opel-Poker* skizziert. (Ba 23-11-09 "Treffen mit GM: Opel-Länder wollen keine Alleingänge mehr")

Gerade solche Kombinationen eignen sich zu prägnanten Formeln, die in der Wirtschaftspresse blühen. Diese Tendenz spiegelt sich vor allem im Korpus B wider, und zwar in Bezug auf die Finanzkrise von Dubai: Neben neutralen Bezeichnungen wie *Dubai-Krise* oder *Dubai-Frage* sind emotional gefärbte Formeln zu finden, die das Panikgefühl der Börsenmakler wiedergeben sollen. Als typisches Beispiel dafür gilt der folgende Artikel (48), in dem der Sturz der Kurse an der Dubaier Börse mit den Komposita *Dubai-Schock / Dubai-Schreck / Dubai-Ängste* dargestellt wird:

(48) Wie werden die Märkte sich *nach dem Dubai-Schock* entwickeln? Folgen noch weitere schlechte Nachrichten? Den US-Börsen drohen in der kommenden Woche Belastungen durch den Golf-Staat. [...] *Dubai-Schreck*, Arbeitsmarktzahlen, Schwarzer Freitag und eine Chance des

Kongresses zur Attacke auf Notenbankchef Ben Bernanke: Der Weg der Wall Street in der kommenden Woche ist mit Stolperfallen gepflastert. Wenn sich die Finanzprobleme des einstigen Boom-Emirats Dubai verschlimmern, werden sich nach Einschätzung von Aktienhändlern die schmerzhaften Verluste vom Freitag durch die gesamte Woche ziehen.

Die Bitte um Zahlungsaufschub für zwei Staatskonzerne in Dubai – Nakheel und Dubai World – führte den Anlegern vor Augen, dass die Erholung der Weltwirtschaft weitaus holpriger werden könnte als erhofft. *Der Dubai-Schreck* weckte bei vielen Marktteilnehmern Erinnerungen an die Subprime-Krise, die das weltweite Finanzsystem in seinen Grundfesten erschütterte. Zum Handelsschluss am Freitag ebbten die Schockwellen auf dem New Yorker Parkett zwar etwas ab, doch noch immer ist unklar, wie groß das Engagement von US-Banken in dem Emirat ist.

Die Fortsetzung des Aufwärtstrends am Markt hängt zu einem großen Teil davon ab, ob sich *die Dubai-Ängste* mit Sorgen über die Gesundheit der Finanzmärkte vermischen", sagte der Händler Michael James von Wedbush Morgan. "Bislang sieht es auf dem US-Markt so aus, als ob dies gelassen hingenommen wurde. (28.11.09 Wall-Street-Ausblick: *"Dubai-Frage* beherrscht US-Börsenwoche")

Diese Anhäufung von Kombinationen des Typs *Dubai* + Nomen dient weniger der sachlichen Beschreibung der Ereignisse als der Schilderung des herrschenden Klimas. Darin liegt vermutlich die Gefahr, dass die Finanzkrise von Dubai allmählich mit vagen Bezeichnungen wie *Dubai-Schock* etikettiert wird, was an die Benutzung ähnlicher Formeln erinnert, die Sophie Moirand (2007: 56) als "mots-événements" betrachtet.

5. Bilanz

Abschließend soll die Frage, ob es in den Börsen- und Finanznachrichten einen spezifischen Gebrauch von nominalen Komposita gibt, in Bezug auf die drei unterschiedlichen Untersuchungsebenen beantwortet werden:

a) Die zusammengestellten Berichte weisen einen weit verbreiteten Gebrauch von nominalen Komposita auf, die sich durch graphematische Besonderheiten kennzeichnen. Bemerkenswert sind vor allem die zahlreichen Komposita des Typs 'Nomen + Nomen', die mit Bindestrich gebildet werden. Dass diese Zusammensetzungen im Übermaß vertreten sind, liegt wahrscheinlich an bestimmten Ausdrucksbedürfnissen, die für die Börsenberichte typisch sind. Die Schreibung mit Bindestrich ermöglicht nämlich die Verbindung von Substantiven mit Initialwörtern (vgl. *US-Börsen*), mit Anglizismen (*Subprime-Krise*) und mit Zahlen, die auf einen Index verweisen (*CAC-40-Index*). Solche Konstruktionen haben eines gemeinsam: Sie bestehen aus heterogenen Elementen, die die Zusammenschreibung unmöglich bzw. schwer akzeptabel machen. Immerhin sind einige Schwankungen festzustellen, zum Beispiel bei Entlehnungen (*Domino-Effekt / Dominoeffekt*) und Eigennamen (*Europa-Geschäft / Europageschäft*).

b) Auf der semantischen Ebene unterscheiden sich die untersuchten Konstruktionen kaum von den üblichen zusammengeschriebenen Komposita, insofern als sie nach dem Muster 'Determinans-Determinatum' gebildet sind. Der Bindestrich hat jedoch eine bestimmte Funktion: Er verbindet die beiden lexikalischen Einheiten und markiert dabei das geltende Binaritätsprinzip. Wie die drei Baumdiagramme zeigen, findet man sowohl rechts- als auch linksverzweigte Komposita (vgl. *Opel-Betriebsrat / Schwellenländer-Währungen*) und beidseitig verzweigte Zusammensetzungen (*Bundesbank-Vorstandsmitglied*). Ein wichtiger Grund für den Gebrauch des Bindestrichs ist also die Erleichterung der Segmentierung, namentlich wenn eine Konstituente aus mehreren Einheiten besteht, was zu einem unübersichtlichen Kompositum führen könnte (vgl. *Opel-Gesamtbetriebsratschef*). In Anlehnung an dieses Muster wird die Bindestrichschreibung auch in einigen Fällen gewählt, die keine besonderen Schwierigkeiten für die Dekodierung bereiten (*Ökonomen-Warnung*). Außerdem sind komplexere syntaktische Fügungen zu bemerken (z.B. *ein 14-Jahres-Tief*), die nicht auf dem Schema der Determinativkomposition beruhen, sondern ein spezifisches Verhältnis zwischen den Konstituenten voraussetzen. Solche Formeln illustrieren sowohl die Suche nach Sprachökonomie als auch das Bedürfnis nach Präzision, deshalb werden sie in den Börsenberichten bevorzugt.

c) Viele okkasionelle Komposita bedürfen einer Paraphrase bzw. einer Reformulierung, weil sie nicht durchsichtig sind oder falsch gedeutet werden könnten. Dazu dienen explizite Angaben (Erläuterung, Vollformen, Übersetzung), die oft im Vorkontext zu finden sind. Andererseits benutzen die Werbesprache und die Medien zahlreiche Komposita, die als Neubildungen funktionieren und dennoch ohne jegliche Umschreibung auftreten. Solche Konstruktionen wie *Opel-Poker* oder *Dubai-Schreck* überlassen dem Leser eine gewisse Interpretationsfreiheit, auch wenn der Kontext und das sachliche Wissen praktisch jedes Missverständnis ausschließen. Gerade diese eigenartige Mischung aus Präzision und Metaphorik zeigt, dass die atypischen nominalen Komposita eine spezifische Funktion erfüllen, die in den Börsen- und Finanznachrichten deutlich zum Vorschein kommt.

Zitierte Literatur

Bergmann, Rolf / Pauly, Peter / Stricker, Stefanie (2005): *Einführung in die deutsche Sprachwissenschaft.* 4. Aufl. Heidelberg: Universitätsverlag Winter. [= Germanische Bibliothek. Neu Folge. 5. Reihe, Handbücher und Einführungen].

Bussmann, Hadumod (2002): *Lexikon der Sprachwissenschaft.* 3. akt. u. erw. Aufl. Stuttgart: Kröner.

Cabré, Maria Teresa (1998): *La terminologie. Théorie, méthode et applications.* Ottawa ; Paris : Les Presses de l'Université d'Ottawa ; Armand Colin. [= Regards sur la traduction].

Donalies, Elke (2005): *Die Wortbildung des Deutschen. Ein Überblick.* 2., üb. Aufl. Tübingen: Narr. [= Studien zur deutschen Sprache. 27].

Fleischer, Wolfgang / Barz Irmhild (1995): *Wortbildung der deutschen Gegenwartssprache.* 2., durchges. u. erg. Aufl. Tübingen: Niemeyer.

Fluck, Hans-Rüdiger (1996): *Fachsprachen.* 5. üb. u. erw. Aufl. Tübingen und Basel: Francke. [= Uni-Taschenbücher 483].

Lerat, Pierre (1995): *Les langues spécialisées.* Paris: PUF [= Linguistique nouvelle].

Moirand, Sophie (2007): *Les discours de la presse quotidienne. Observer, analyser, comprendre.* Paris: PUF [= Linguistique nouvelle].

Roelcke, Thorsten (1999): *Fachsprachen.* Berlin: Erich Schmidt Verlag. [= Grundlagen der Germanistik. 37].

Vargas, Elodie (2005): *Procédés de reformulation intratextuelle dans les ouvrages de vulgarisation en allemand : étude d'une opération métalangagière et de ses marques.* Thèse de doctorat sous la direction de Mme le Professeur Martine Dalmas. Paris: Université Paris-Sorbonne.

Pierre Lejeune
Le mot *marché(s)* dans les comptes rendus boursiers : entre métonymie et personnalisation

1. Introduction

S'il est un terme employé à toutes les sauces dans le discours économique, c'est bien celui de *marché* (anglais : *market*). Les dictionnaires spécialisés renvoient avant tout à un lieu de rencontre physique ou virtuel d'une offre et d'une demande :

> Marché : Lieu physique ou virtuel d'échanges où se rencontrent les agents économiques qui vendent (l'offre) ou achètent (la demande) des biens, des services ou des instruments financiers. (Antoine / Capiau-Huart 2006 : 317)

Dans les manuels d'économie, on retrouve le même genre de définitions mais déjà on voit pointer des glissements métonymiques significatifs, respectivement de *lieu* à *mécanisme* et à *ensemble d'acheteurs et de vendeurs* dans les deux exemples suivants relevés par Resche (2006 : 97) :

> A market is a mechanism through which buyers and sellers interact to determine prices and exchange goods and prices. (Samuelson 2005 : 26)
> Market : a group of buyers and sellers of a particular good or service. (Mankiw 2004 : 831)

Dans le discours des médias sur la finance, le terme *marché* est utilisé dans des acceptions qui débordent largement celles que lui attribuent les définitions de dictionnaires, pouvant renvoyer à une entité dotée d'agentivité, véritable acteur "avec lequel il faut compter". En témoignent un titre de livre comme *La Tyrannie des Marchés* de Bourguinat (1995) ou ce passage d'un ouvrage de Labarde / Maris (1998 : 141-142) :

> La fatalité du marché. Le destin du marché. "Les marchés ne le permettront pas", "les marchés réagissent", "les marchés s'inquiètent", "les marchés saluent", "attendent", "contrôlent", cette puissance immanente et tutélaire, terrible dans ses punitions, imprévisible, inconnaissable au fond, mais

toujours là, partout, dotée d'ubiquité, d'éternité, ce ne serait pas un peu le Saint-Esprit, ça ? Le marché est partout. Rien n'échappe à sa sanction. Ses décisions sont terribles et jamais justifiées, d'ailleurs. Il est la puissance supérieure. Il est.

Afin de cerner la figure qui se dégage du marché à travers les combinaisons syntagmatiques dans lesquelles entre le terme qui y renvoie dans la presse financière, nous sommes parti d'un corpus d'articles du journal *Le Monde*, des sites Internet des magazines *Le Nouvel Observateur* et *Challenges*, ainsi que du site de la banque en ligne *Boursorama*[1]. Plutôt que de tenter d'effectuer une typologie des différences entre les sources, qui comprennent des articles originaux, des dépêches d'agences de presse et des citations d'origines diverses, nous chercherons avant tout à dresser un tableau impressionniste de la diversité des emplois auxquels le terme *marché* donne lieu.

2. L'extension référentielle de *marché(s)*

L'extension référentielle de *marché* peut se trouver délimitée contextuellement par des indications :

- quant à la nature du marché dont il est question : il peut s'agir d'un type de bien (1), de service (2) ou d'actif financier (3) particulier ;

- quant à l'extension géographique du marché (2 et 3) :

> (1) Les "tigres" coréens et chinois sont en chasse et l' "ours" russe a retrouvé de l'appétit. Leur proie : le *marché*[2] des centrales nucléaires, qui renaît après l' "hiver" qui a suivi la catastrophe de Tchernobyl en 1986. (M 23/03/10)
>
> (2) Le *marché* français des croisières maritimes a progressé de 12% en 2009, après une hausse de 11% en 2008. (M 17/03/10)

---

[1] Référencés dans le corpus respectivement sous M, NO, C et B. Les sites sont les suivants : www.nouvelobs.com, www.challenges.fr et www.boursorama.com.
[2] Dans les exemples numérotés, l'italique de mise en relief est le fait de l'auteur.

(3) Jeudi 26 novembre, à Paris, Londres, Francfort ou Tokyo, les *marchés de dettes* se sont affolés et les Bourses ont plongé de plus de 3% en moyenne. (M 28/11/09)

Les adjectifs *boursier* et *financier* fournissent à ce titre une détermination contextuelle minimale. *Boursier* permet de sélectionner les marchés d'actions aux dépens de ceux d'autres actifs financiers (4) ; *financier* soit sélectionne les marchés d'actifs financiers par opposition aux marchés de biens et services (5) soit sélectionne les seuls marchés d'actions (synonymie locale avec *boursier* comme en (6) où "financiers" reformule le "boursiers" du titre) :

(4) Les sociétés n'hésitent plus à se hasarder sur le *marché* boursier.

(5) Le président de l'Autorité des *marchés* financiers (AMF), Jean-Pierre Jouyet, s'en prend aux "hedge funds", ces fonds d'investissement spéculatifs, accusés d'attaquer l'euro sur les *marchés* financiers. (M 10/2/10)

(6) L'angoisse gagne les *marchés* boursiers. Les espoirs des gérants, qui, fin 2009, misaient sur une remontée spectaculaire des marchés boursiers, seraient-ils en train de s'évanouir ? Une chose est sûre, la nervosité est plus que palpable sur les *marchés* financiers. (M 6/2/03)

En fait, une majorité d'occurrences de notre corpus contiennent le terme *marché(s)* sans autre détermination. Parfois, il s'agit d'une reprise anaphorique d'un marché particulier, comme en (7), où "le marché" renvoie au marché des centrales nucléaires dont il est question en (1) :

(7) Le *marché* est immense et pourrait représenter plus de 1.000 milliards de dollars d'investissements d'ici à 2030. (M 23/3/10)

Mais le plus souvent, la valeur référentielle de *marché* est beaucoup plus vague. Il y a tout d'abord de nombreux cas où le syntagme prépositionnel sans article à fonction d'épithète "de marché" correspond à une référence virtuelle au sens de Milner :

(8) Concernant la rémunération des équipes de *marché*, Société Générale versera 250 millions d'euros de bonus en 2010 au titre de 2009. (M 18/01/10)

(9) Depuis octobre 2008, les Américains ont pris toute une série de mesures pour réduire les abus de *marché* […]. (M 20/3/10)

(10) Les précédentes normes (Bâle II) ont favorisé le développement des activités de *marché* par rapport aux crédits classiques, au motif que les banques pouvaient à tout moment revendre leurs positions sur les *marchés*. (M 18/3/10)

Comme tête "nue" de syntagme nominal, *marché(s)* renvoie généralement de façon assez vague aux bourses ou à l'ensemble des marchés financiers, l'emploi du terme pluriel pouvant correspondre à une pluralité quantitative (différentes places boursières, comme en 11) ou qualitative (différents types d'actifs, comme en 12) :

(11) Les *marchés* sont "sans pitié" avec les entreprises faisant leurs premiers pas en Bourse. (M 11/2/10)

(12) L'exubérance de la croissance chinoise inquiète les *marchés* [...] Cette spéculation a investi plusieurs secteurs. Celui des matières premières, d'abord, dans lequel les banques centrales injectent massivement des liquidités : pétrole, métaux non précieux et même le soufre voient leurs cours bondir. Signe que les Bourses subissent aussi la pression, l'indice boursier mondial MSCI a augmenté de 71% en 2009. Les *marchés* immobiliers, enfin, sont à nouveau gagnés par la fièvre. (M 22/1/10)

C'est à ce type d'occurrence nue du terme *marché(s)* que nous allons nous intéresser en priorité (mais pas seulement), tentant de dégager les grands types de valeurs référentielles construites à travers les relations prédicatives dans lesquelles il se trouve impliqué.

3. Les valeurs référentielles et sémantiques de *marché(s)* construites dans le discours

3.1. Valeurs [- Hum]

3.1.1. Lieu ou institution

Un certain nombre d'occurrence correspondent aux définitions traditionnelles des marchés comme lieux physiques ou virtuels (13, 14) et comme institution (15) :

(13) Les sociétés n'hésitent plus à se hasarder sur le *marché* boursier. (M 3/4/2010)

(14) La Grèce est retournée sur les *marchés* lundi 29 mars, en lançant un emprunt obligataire de 5 milliards d'euros à sept ans, quatre jours après l'adoption par l'Union européenne d'un plan d'aide à Athènes. (B 29/3/10)

(15) De plus en plus de courtiers passent désormais leurs ordres par des Bourses parallèles, apparues depuis 2007 avec la dérégulation du *marché* européen. (M 31/1/10)

3.1.2. Métonymie pour indice / cours des actions / actions

Quand il est question de marché qui montent ou descendent, *marché* prend une valeur référentielle métonymique, dénotant le cours des actifs ou les indices qui s'y rattachent :

(16) Le *marché* boursier de Dubaï a jusqu'à présent perdu environ 13% de sa valeur depuis sa réouverture lundi, celui d'Abou Dhabi quelque 14%. (M 1/12//09)

(17) Après une vague de désengagement au niveau local, les investisseurs ont fini par se rendre compte que les conséquences de cet incident seraient limitées. Les *marchés* ont alors rapidement regagné le terrain perdu. (M 5/12/09)

(18) L'effondrement du *marché* immobilier américain a été le facteur déclencheur, au cours de l'été 2008, de la crise financière qui a provoqué la pire récession des Etats-Unis depuis la Grande Dépression des années 1930. Le rebond de ce *marché* est considéré comme un facteur clef d'une reprise économique durable. (B 06/03/10)

Marché pourra également renvoyer métonymiquement à la valeur totale des actifs présents sur le marché (pour les actions, on parle de *capitalisation boursière*) :

(19) Le *marché* financier mondial est dix fois plus important que le produit intérieur brut mondial. (M 17/3/10)

Enfin, dans l'exemple suivant, *suracheté* renvoie à l'ensemble des actions offertes sur le marché plutôt qu'à leurs cours (comme c'eût été le cas avec l'expression plus orthodoxe *surévalué*) :

(20) L'indice de force relative du Nikkei (RSI) est en léger recul mais il reste au-dessus de 70, ce qui implique en principe que le *marché* est suracheté. Des indicateurs à plus long terme laissent penser que la tendance haussière du Nikkei reste intacte. (B 7/4/10)

3.2. Valeurs [+ Hum]

Plus spectaculaires sont les configurations qui font du marché un être anthropomorphe. Nous discuterons dans la dernière section de la question du type de figure auquel on a affaire. Pour l'heure nous nous contenterons d'effectuer un relevé des facettes de cet être construit par le discours quand *marché(s)* se retrouve, terme abstrait, "comme sujet ou objet de verbes impliquant une relation personnelle humaine, ou, plus largement, en construction syntaxique avec des adjectifs, des adverbes ou compléments quelconques impliquant une relation personnelle humaine" (définition de "personnalisation" dans Molinié 1992 : 313, cité par Lecolle 2002).

3.2.1. États physiques et psychologiques

Dans les exemples de cette section, les marchés apparaissent comme siège de procès non agentifs. On relève tout d'abord une série de références à leur état de santé[3] :

(21) Les *marchés* vont mal, les opérateurs de *marchés* aussi. (M 31/1/10)

(22) A peine remis de la crise, les *marchés* financiers résisteront-ils au nouveau choc financier venu du Golfe, avec l'onde de suspicion qu'il jette sur les finances publiques des Etats. (M 29/11/09)

(23) Les *marchés* immobiliers, enfin, sont à nouveau gagnés par la fièvre. (M 22/1/10)

(24) La convalescence des *marchés* boursiers marque le pas (titre ; M 12/3/10)

---

[3] On retrouve pour *marché* une configuration classique dans les articles sur la conjoncture à propos de l'économie en général, que Maris (1990 : 122) évoque en ces termes : "Tous les économistes providentiels assainissent. L'économie est malade, rongée par des maux bien français (l'inflation, la paresse, le manque d'épargne) ; une bonne purge, une bonne saignée, et on retrouve des bases saines".

(25) En conséquence, les primes de risques sur l'ensemble des classes d'actifs risqués souffrent toutes en Bourse. Les *marchés* <u>ont eu un très mauvais passage à surmonter</u>. (C 1/3/10)

Ensuite, les marchés se voient attribuer une série d'états psychologiques par le jeu d'un mécanisme discursif de transfert métonymique d'une construction de type "un état X est présent *sur* le marché" (état implicitement attribué aux acteurs du marché : en (26) *incertitudes, euphorie, doute*) à "le marché se trouve dans l'état X" (28, 29 et 30, l'énoncé instable 27 – on s'attendrait à *sur les marchés* au lieu de *auprès des marchés* – étant à nos yeux intermédiaire entre les deux constructions) :

(26) Reste qu'une nouvelle période d'<u>incertitudes</u> semble avoir débuté sur les *marchés* d'actions depuis trois semaines. Après sept mois de rebond quasiment ininterrompu, octobre a marqué une nette rupture, et l'<u>euphorie</u> a laissé place au <u>doute</u>. (M 8/11/09)

(27) Mercredi, James Bullard, président de la Réserve Fédérale de Saint Louis – qui ne votera à la Fed qu'en 2010 – <u>a semé le doute auprès</u> des *marchés* financiers. (M 22/11/09)

(28) Dans un *marché* <u>inquiet</u> du sort des constructeurs automobiles américains, la Bourse de Paris a terminé la semaine sur un fort recul, […]. (C 12/12/09)

(29) Les autres *marchés* asiatiques qui <u>avaient succombé</u> mercredi à l' "Obamania" et à l'ivresse acheteuse <u>subissaient</u> également <u>un dur ressac</u>. (NO 6/11/09)

(30) La résolution de la crise grecque n'est pas tout à fait satisfaisante, la crise – tout court – n'est pas tout à fait finie et les *marchés* <u>ne sont pas tout à fait contents</u>. (M 3/10/09)

3.2.2. Des marché intelligents

Non contents d'être le siège d'états involontaires, les marchés sont présentés comme dotés de facultés intellectuelles. Ils déploient tout d'abord leur sens de l'observation, attentifs qu'ils sont aux événements du monde et aux décisions des politiques :

(31) Les difficultés de l'émirat sont donc une mauvaise nouvelle pour l'industrie du luxe, les constructeurs d'avions et les sociétés de BTP [...]. Le *marché* continue d'ailleurs de <u>scruter</u> quelles sont les sociétés de ces secteurs les plus exposées dans la zone. (M 29/11/9)

(32) Le *marché* <u>s'intéresse</u> à l'indice des produits finis. Comme pour les prix à la consommation, la primauté est accordée à l'indice prix à la production "core", c'est-à-dire hors énergie et alimentation, qui donne une meilleure idée des tensions sous-jacentes. (B 6/4/10)

(33) Les *marchés* attendent toujours la décision du gouvernement sur le rachat d'Areva T & D, la filiale transmission et distribution d'électricité du groupe nucléaire. (M 15/11/09)

Non seulement les marchés observent mais encore ils comprennent ce qu'il y a de plus abscons pour la vulgate :

(34) Le quidam ne voit là que de sibyllines combinaisons de lettres, accolées à des noms de pays ou de sociétés : AAA, BBB- ou encore C. Les commentaires lui sont tout aussi abscons : la Grèce se retrouve "dégradée", le Royaume-Uni "mis sous surveillance". Mais qu'importe son ignorance ! Ce n'est pas à lui que s'adressent ces signes cabalistiques. Nanti des codes, le *"marché"*, lui, saisit immédiatement le message qui lui est adressé en propre. (M 28/1/10)

Cette capacité de compréhension des marchés est parfois recadrée par le journaliste qui assume une position de supériorité par rapport à eux (en 35, on "prend conscience" de ce qui existait déjà, la locution véhiculant le sous-entendu que l'énonciateur était déjà au courant) :

(35) Avec la crise grecque, les *marchés* ont pris conscience de l'ampleur du problème de la dette publique. (M 14/2/10)

Même phénomène chez certains spécialistes auxquels le journaliste donne la parole, comme Jacques Attali, pour qui les ficelles de la construction discursive de l'image de l'expert[4] n'ont pas de secret :

(36) "La réalité c'est que même si on a évité la catastrophe, l'économie va encore très mal", estime l'économiste Jacques Attali. Selon lui, après avoir

---

[4] Sur cette question, *cf.* Lejeune (2005).

frôlé l'euphorie, les *marchés* financiers sont en train de réaliser que "la croissance n'est pas stable". La crise n'est pas finie", conclut-il. (M 6/2/10)

Quoi qu'il en soit, c'est en connaissance de cause que les marchés peuvent s'ériger en stratèges dotés de capacités d'anticipation :

(37) Par ailleurs, le *marché* des changes restait tout de même prudent en raison des inquiétudes qui subsistent sur la santé économique de la Grèce, de l'Espagne et du Portugal. (M 5/12/09)

(38) Le *marché* semble prendre le pari que le gouvernement acceptera des termes plus conciliants pour le remboursement des sommes qui lui sont dues. (B 11/12/9)

(39) De son côté Art Hogan, de la maison de courtage Jefferies, constate que "même avec peu de catalyseurs, le *marché* se maintient". "Le *marché* ne lâche pas ses gains, c'est un bon signe", note-t-il. (C 24/3/10)

(40) "Si l'histoire reste concentrée sur la Grèce et qu'il n'y a pas d'effet de contagion sur les "PIGS" (Portugal, Irlande, Grèce et Espagne: ndlr), cela n'effraie pas trop" les Bourses, a ajouté Yann Azuelos, ajoutant que les *marchés* tablent sur un soutien des autres pays européens. (B 11/12/9)

3.2.3. Des marchés interlocuteurs

Les marchés nous sont également présentés comme émettant des jugements de valeur – à travers le canal de communication élémentaire que représente l'évolution du prix des actifs et des indices – quant aux informations qui leur parviennent ou aux initiatives des acteurs du monde politique et économique :

(41) Les *marchés* ont salué la publication, jeudi 5 novembre, des résultats de BNP Paribas lors du troisième trimestre : le titre s'est adjugé 7,41% entre lundi et vendredi, à 55,27 euros. (M 8/11/09)

(42) A noter, la forte baisse de l'équipementier de réseaux Ciena après des résultats jugés décevants par le *marché*. (B 11/12/09)

(43) Le *marché* a également bien accueilli l'annonce aux Etats-Unis d'un plan d'aide des autorités fédérales à la banque Citigroup. (NO 17/2/10)

(44) En France, le Cac 40 est aussi plombé par la chute de poids lourds comme Total ou EDF. Le *marché* voit en effet d'un mauvais oeil les propos

du gouvernement sur les prix de l'électricité et l'annonce par Nicolas Sarkozy de la participation d'EDF dans le plan de relance. (NO 5/12/09)
(45) Seul bémol, si la crise est finie, la Réserve Fédérale Américaine (Fed) pourrait relever ses taux plus vite que prévu. Et ça, le *marché* boursier n'aime pas du tout. (M 7/3/10)
(46) Mais la situation des pays autres d'Europe du Sud, Espagne en tête, ainsi que de la Grande-Bretagne, est plus préoccupante. Le *marché*, comme les agences de notation, ont été complaisants jusqu'ici avec cette dernière. (C 25/2/10)

Non seulement les marchés opinent, mais en plus ils donnent des ordres :

(47) La 'prime' exigée par les *marchés* pour détenir de la dette grecque a bondi de +30Pts de base sur la nouvelle […]. (B 6/4/10)
(48) Ainsi, pour les Français, il pourrait être question d'agir à la demande des Grecs si ceux-ci considèrent que les taux qui leur sont imposés par les *marchés* sont trop élevés pour être soutenables. (M 31/3/10)

En outre, on les prend au sérieux, car ce sont des animaux agressifs qu'il s'agit de dompter, comme dans cet extrait d'un article intitulé "La revanche des marchés" :

(49) Il peut paraître scandaleux que les *marchés* mordent la main qui les a sauvés – les Etats se sont endettés à hauteur de 11.000 milliards de dollars pour juguler leur panique. (M 16/2/10)

Les entreprises viennent se soumettre au jugement des marchés, tel le fiancé à celui de sa future belle-famille, comme en témoigne le *au marché* du passage suivant (extrait d'un article intitulé "Les *marchés* sont 'sans pitié' avec les entreprises faisant leurs premiers pas en Bourse"), quand on aurait attendu *sur le marché* :

(50) […] Il faut remarquer que Safran se présente au *marché* sans bénéficier d'aucune notation de la part des agences, mais en pouvant se targuer d'avoir dans son capital l'Etat français à hauteur de 30%, ce qui apparaît toujours comme un facteur rassurant. (M 11/2/10)

Pour amadouer les marchés, une bonne politique de communication fait parfois l'affaire :

(51) "*Avec les marchés, il vaut mieux être clair, ils ont horreur de l'incertitude*", a ajouté l'ancien secrétaire d'Etat aux Affaires européennes. (M 10/2/10)

(52) L'un des dirigeants de la banque centrale américaine, Dennis Lockhart, s'est empressé de rassurer les marchés. "Mon avis est que l'opinion publique et les *marchés* ne devraient pas mal interpréter la décision d'aujourd'hui. La politique monétaire, comme le montre le taux directeur, reste souple", a affirmé le président de la banque de réserve fédérale d'Atlanta. (M 19/2/10)

Mais attention, les marchés ne sont pas nés de la dernière pluie :

(53) Si les *marchés* affichent une confiance univoque, la Réserve fédérale affirme par contre [...] qu'elle pourrait 'maintenir ses taux d'intérêt à un niveau très bas [...] pendant encore plus longtemps que prévu' [...] si les perspectives économiques se détérioraient de nouveau ou si l'inflation reculait encore. La promesse d'un argent presque éternellement gratuit ne saurait être plus claire [...] mais le *marché* peut-il encore y croire, surtout après que le rendement du T-Bond 2020 ait progressé de +30Pts de base en 10 jours pour atteindre les 4% (et 3,965% ce mardi après une légère détente) ? (B 7/4/10)

Parfois, ce n'est pas avec des mots mais avec des actes qu'on essaiera de les mettre de son côté :

(54) Le président de l'Eurogroupe, Jean-Claude Juncker, a de son côté demandé un vote "rapide" à la Chambre des représentants, jugeant que le plan américain allait "certainement contribuer à calmer les *marchés*". (NO 2/10/08)

(55) Les Etats tentés de réduire leurs dépenses sous la pression des *marchés*. (M 17/2/10)

Les marchés finissent ainsi par apparaître comme un véritable interlocuteur de la puissance publique :

(56) Si les institutions européennes et les *marchés* ont salué ce plan, l'éditorialiste de *La Tribune* s'inquiète en effet de ce que "de l'Europe, les

Grecs auront entendu durant cette crise des mots très durs et jamais un discours d'espoir". (C 4/3/10)

C'est à un véritable *mano a mano* qu'on assiste entre marchés et États, si on en croit cet extrait d'un article du *Monde* intitulé "Que peuvent les États contre la spéculation ?"

(57) Et si les populations jugeaient la pression insupportable, la rue pourrait être l'arbitre du <u>face-à-face</u> Etats-*marchés*. (M 17/3/10)

4. Métonymie ou personnification ?

Ainsi donc, *marché(s)*, terme qui d'après les dictionnaires spécialisés renvoie à un lieu réel ou virtuel de rencontre entre des demandeurs et des offreurs, se trouve pris dans le corpus journalistique analysé dans des relations prédicatives qui lui confèrent une série d'atours humains. Le concept se trouve ainsi retravaillé par ses contextes discursifs. Cette situation est passible d'une analyse en termes rhétoriques. Comme le montre bien Lecolle (2003) dans sa thèse *Métonymies et figures de référenciation dans la presse écrite généraliste*, si on voit un terme renvoyant à du non-humain, comme c'est le cas de *marché*, impliqué dans une relation prédicative qui lui confère des attributs humains, il y a au moins deux façons de résoudre la contradiction :

1) dire que le terme renvoie par métonymie à un humain ou à un groupe d'humains (dans le cas de *marché* par exemple les investisseurs) ;
2) dire que le terme est à prendre dans un sens littéral et que les relations prédicatives dans lesquelles il entre confèrent au référent des propriétés humaines, le phénomène relevant alors de la figure de la personnification.

Sous une même configuration discursive (en simplifiant : Thème [- Hum] / Prédicat [+ Hum]) se cachent ainsi deux types de figures radicalement distinctes. Nous nous rangeons au point de vue de Lecolle (2002) quand cet auteur se démarque de Fontanier (1977 : 111-113), lequel range sous le même chapeau de la personnification des exemples comme "Argos vous tend les bras, et Sparte vous appelle" (personnification par métonymie) et "Aussi bien j'aperçois ces melons qui attendent (personnification par métaphore)", là où Lecolle (2002), qui signale judicieusement que "la question posée par la métonymie [est] référentielle : *de quoi s'agit-il ?* et celle posée par la personnification, prédicative : *comment en parle-t-on ?*", verrait respectivement une métonymie (Argos et Sparte renvoient sur l'axe paradigmatique à leurs habitants) et une personnification (on prédique sur l'axe syntagmatique un trait humain sur le terme *melon* qui n'en continue pas moins à renvoyer à un fruit)[5].

Nombre des occurrences de notre corpus qui confèrent au référent de *marché* le trait [+ Hum] sont passibles à la fois d'une analyse en termes de métonymie et de personnification, Cependant, il arrive qu'une interprétation l'emporte sur l'autre. Le terme *marché* désigne un référent pluriel présentant diverses facettes, à la fois lieu d'échange, institution régie par des normes, ensemble de titres et d'indices, ensemble d'investisseurs, d'opérateurs et d'analystes, etc. Selon que le contexte construit un référent correspondant clairement à une des facettes [+ Hum] du marché ou davantage à un ensemble protéiforme autonome englobant plusieurs facettes, on se rapprochera plutôt de la métonymie ou de la personnification. Voyons quelques cas où l'interprétation métonymique s'impose :

a) *marché* pour *investisseurs* :

La mise en regard des deux énoncés comparables (58) et (59) permet de conclure à un rapport de substituabilité entre *marché inquiet* et *investisseurs inquiets* :

(58) Dans un *marché* inquiet du sort des constructeurs automobiles américains, la Bourse de Paris a terminé la semaine sur un fort recul, le CAC 40 perdant, vendredi 12 décembre, 2,80% à 3.213,60 points à la clôture. (NO 12/12/09)

---

[5] Certains auteurs comme Lakoff / Johnson considèrent dans ce type de situation qu'on a affaire à une métaphore. Nous acceptons cette lecture dès lors que l'on admet que dans un énoncé comme *L'inflation dévore tous nos profits* (Lakoff / Johnson 1985 : 42) c'est le verbe *dévore* qui est à prendre dans un sens métaphorique et non *l'inflation*. Analysant cet exemple à la manière de Perelman / Olbrechts-Tyteca (1988 : 535), qui définissent la métaphore comme "une analogie condensée, résultant de la fusion d'un élément du phore avec un élément du thème", nous dirons que la relation entre *inflation* et *profit* est analogue à celle entre p. ex. un ogre et sa victime : le terrne *dévore* s'appliquant normalement dans un contexte *ogre* (phore) se voit intégré syntagmatiquement à un contexte économique (thème).

(59) Les *marchés* actions sont en outre affectés par le renouveau des inquiétudes des investisseurs sur la dette de Dubaï, qui pèsent également sur le pétrole et permet au dollar de se raffermir face aux autres devises. (B 8/12/09)

Il en va de même dans l'exemple suivant avec la reformulation de *le marché apprécie* du titre par *l'engouement des investisseurs* dans le corps du texte, qui force rétrospectivement une interprétation métonymique de *marché* du titre :

(60) La valeur du jour en Europe - ING : le *marché* apprécie. Le titre ING avance de 5,21% à 6,34 euros dans l'après-midi, surperformant largement le *marché* européen. L'indice DJStoxx européen des valeurs de l'assurance ne gagne que 0,72% dans le même temps. L'engouement des investisseurs fait suite à une annonce du bancassureur, qui a fait part de son intention de rembourser 5,6 milliards d'euros à l'Etat néerlandais. (B 11/12/10)

b) *marché* pour *analystes financiers* :

Dans les extraits suivants, les attentes chiffrées (resp. 18% et 580.000) du marché renvoient à la notion de *market consensus*, moyenne pondérée des prévisions des analystes financiers des principaux courtiers telles qu'elles apparaissent dans les publications destinées à leurs clients actionnaires :

(61) En Chine, la production industrielle a signé une progression de 19,2% en novembre sur un an, surpassant les attentes du *marché*, dont la moyenne s'était établie autour de 18% : l'Empire du Milieu fait plus que jamais figure de locomotive de la croissance mondiale [...] et Alcoa (déjà mentionné) ou Arcelor Mittal (+1,3%) semblent les mieux placés pour en profiter. (B 11/12/09)

(62) Les mises en chantier ont en revanche rebondi de 2,8% au mois de janvier après un recul de 0,7% en décembre à 591.000 en rythme annualisé. Le *marché* attendait un chiffre de 580.000. (B 17/2/10)

c) *marché* pour *observateur(s) du marché* :

Dans l'extrait suivant, *selon* construit le marché comme source d'une opinion exprimée, unique ou plurielle :

(63) Tout est parti des Etats-Unis et de la Chine, les deux zones qui comptent véritablement pour la croissance de la planète, selon le *marché*. (M 7/3/10)

A l'opposé, il arrive que seule la figure de la personnification permette de résoudre la contradiction entre le trait [- Hum] du marché et les caractéristiques humaines que la relation prédicative lui confère. Nous citerons deux cas de figure particulièrement significatifs :

a) Quand l'interprétation métonymique renvoie à du [- Hum] et que le prédicat attribue des caractéristiques humaines au référent de *marché*, cela ne fait que déplacer le problème de la contradiction, que seul le recours à la figure de la personnification permet de résoudre. C'est notamment le cas quand la valeur métonymique renvoie au cours des actions ou aux indices (en d'autres termes aux *hausses et baisses du marché*), comme dans les exemples suivants:

(22) A peine remis de la crise, les *marchés* financiers résisteront-ils au nouveau choc financier venu du Golfe, avec l'onde de suspicion qu'il jette sur les finances publiques des Etats. (M 29/11/09)

(64) Selon lui, en s'engageant dans une politique monétaire accommodante basée sur un taux directeur quasi nul, la Fed ne favorise pas le dollar, mais offre un coup de pouce aux *marchés* d'actions. (M 15/11/09)

(65) La Bourse de New York a fini sans direction vendredi, dans un *marché* tiraillé entre des indicateurs meilleurs que prévu aux Etats-Unis et la hausse du dollar : le Dow Jones a gagné 0,63% mais le Nasdaq a perdu 0,03%. (B 11/12/09)

De même, quand le terme *marché* est l'objet d'une double prédication renvoyant l'une à de l'animé (*déprimés* en 66, *craignant* en 67, *déçu* en 68), l'autre à de l'inanimé (*ont clôturé en forte baisse* en 66, *baissait* et *descendre* en 67, *soumis à des prises de bénéfices* en 68), il ne renvoie pas qu'à une des facettes de son référent. Ainsi, l'interprétation métonymique ne suffit pas, *marché* se dotant en quelque sorte d'une identité propre comportant des traits humains :

(66) En Asie, les *marchés* ont clôturé lundi en forte baisse, déprimés par un déluge de mauvais indicateurs économiques partout dans le monde et par des craintes croissantes pour la santé de grandes banques occidentales: -

3,81% pour Tokyo, -4,16% pour Séoul, -2,82% pour Sydney, -3,9% pour Hong Kong. (NO 2/3/09)

(67) <u>Craignant</u> une exposition des compagnies koweïtiennes à la crise de la dette de Dubaï, le *marché* koweïtien <u>baissait</u> à l'ouverture de 1,8% dans leur sillage, avant de <u>descendre</u> à 2,1%. (M 1/12/09)

(68) La Bourse de Paris s'enfonçait dans le rouge mardi en fin de matinée (-1,22%) dans un *marché* <u>soumis à des prises de bénéfices</u> et <u>déçu</u> par la baisse inattendue de la production de l'industrie allemande en octobre. (B 8/12/09)

Hors ces cas évidents, il est le plus souvent assez hasardeux d'exclure l'interprétation métonymique. Le test de la reprise anaphorique proposé par Lecolle, pour qui celle-ci est quasi impossible quand on a affaire à la métonymie et sans problème quand il s'agit de personnalisation, ne nous paraît pas très concluant[6]. Un exemple comme le suivant (où le contexte suggère clairement l'interprétation *les investisseurs*), laisse entendre que la reprise du terme métonymique est possible, étant vraisemblablement soumise à certaines contraintes de compatibilité de prédicats et de distance textuelle notamment :

(69) Le soulagement s'est traduit sur les places financières. A Paris, Londres et New York, les *marchés* ont terminé la semaine écoulée entre le lundi 8 et le vendredi 12 février, dans le calme, avec des hausses respectives de 0,99%, 1,61% et 0,87%. Les investisseurs sont pourtant loin d'être convaincus par les promesses des chefs d'Etats européens. Leur discours reste vague et leurs actions inexistantes. Mais fallait-il en attendre plus ? "Les *marchés* sont toujours un peu comme ça, <u>ils</u> attendent quelque chose qui n'arrivera pas. <u>Ils</u> le savent. Mais <u>ils</u> sont quand même déçus quand ça n'arrive pas", indique Jean-Louis Mourier, analyste chez Aurel BGC. (M 14/2/10)

---

[6] Quand Lecolle met en doute (à juste titre vraisemblablement) l'acceptabilité d'un enchaînement comme *La Hongrie condamne des bouts des lèvres. *Elle n'est pas allée manifester*, elle conclut que, la reprise anaphorique ne fonctionnant pas, on a dans la première phrase affaire à une personnification (et non à la métonymie *La Hongrie* pour *Les Hongrois*). Mais le problème ne concerne-t-il pas tout simplement la compatibilité entre *La Hongrie* et le prédicat *n'est pas allée manifester* ?

Pour juger des effets rhétoriques, il nous suffira ici de recourir au principe proposé par G. Kleiber (1999 : 143) de *métonymie intégrée*, qui

> vise à rendre compte d'un phénomène cognitif majeur, à savoir qu'un référent, dans un sens très large du terme, peut se voir appliquer des propriétés, événements, etc., qui concernent en fait uniquement certaines de ses "parties".

Kleiber ajoute :

> L'utilité de ce principe est évidente, d'une part parce que dans beaucoup de cas, il serait impossible de dire quelle est la partie concernée par le prédicat et d'autre part, parce que le fait d'isoler la partie du tout aurait pour effet d'occulter la conséquence que la propriété ou l'événement en question peut avoir sur le tout. (1999 : 143)

Fort d'un tel principe, nous sommes en mesure d'affirmer que l'emploi du terme *marché(s)* en construction syntaxique avec des termes (qui typiquement, mais pas nécessairement, constituent des prédicats) impliquant une relation personnelle humaine que ce soit à travers la métonymie, la personnification ou les deux réunis, configure par sédimentation d'occurrences discursives une entité dotée d'une vie propre, relevant de la métaphore ontologique au sens de Lakoff et Johnson[7]. Le commentaire que ces auteurs échafaudent à partir d'occurrences discursives du terme *inflation* (*Il faut combattre l'inflation*, *L'inflation dévore une grande partie de nos revenus*, etc.) pourrait s'appliquer *mutatis mutandis* à marché(s) :

> Dans tous ces cas, considérer l'inflation comme une entité nous permet d'y faire référence, de la quantifier, d'en identifier un aspect particulier, et peut-être même de croire que nous la comprenons. Des métaphores ontologiques comme celles-là sont nécessaires ne serait-ce que pour tenter d'analyser rationnellement nos expériences.» (Lakoff / Johnson 1985 : 36)

Cette construction de représentations contribue d'autant plus à modeler une "pensée économique unique" qu'on a affaire de plus en plus dans la presse financière à une bourdieusienne "circulation circulaire" des informations et des

---

[7] Sur le sens à accorder au terme de *métaphore* chez Lakoff / Johnson (1985), *cf.* note 3.

phraséologies dont les agences de presse sont la plaque tournante. De sorte qu'on peut se demander dans quelle mesure l'image de marchés analystes, juges impitoyables ou interlocuteurs exigeants construite par les discours de presse ne contribue pas via les représentations à infléchir les comportements des acteurs de la vie économique.

Références citées

Antoine, Joseph / Capiau-Huart, Marie-Claire (2006) : *Dictionnaire des Marchés Financiers*. Bruxelles : De Boeck. [= Comptabilité, contrôle et finance].

Bourguinat, Henri (1995) : *La tyrannie des marchés. Essai sur l'économie virtuelle*. Paris : Economica.

Fontanier, Pierre (1977[1821]) : *Les figures du discours*. Paris : Flammarion. [= Champs. 15].

Kleiber, Georges (1999) : *Problèmes de Sémantique. La polysémie en question*. Villeneuve d'Ascq : Presses Universitaires du Septentrion. [= Sens et structures].

Labarde, Philippe / Maris, Bernard (1998) : *Ah Dieu ! que la guerre économique est jolie !* Paris : Albin Michel.

Lakoff, George / Johnson, Mark (1985[1980]) : *Les métaphores dans la vie quotidienne*. Paris : Les Éditions de Minuit. [= propositions]

Lecolle, Michelle (2002) : "Personnifications et métonymies dans la presse écrite : comment les différencier ?" In : *Semen* 15, 97 – 112.

Lecolle, Michelle (2003) : *Métonymies et figures de référenciation dans la presse écrite généraliste. Analyse sémantique et rhétorique*. Thèse de doctorat. Toulouse : Université de Toulouse le Mirail.

Lejeune Pierre (2005) : *Discours d'experts en économie*. Limoges : Lambert-Lucas.

Maris, Bernard (1990) : *Des économistes au-dessus de tout soupçon : ou la grande mascarade des prédictions*. Paris : Albin Michel.

Mankiw N. Gregory (2004) : *Principles of Economics*. 3th éd. Mason (Ohio) : Thomson Southwestern.

Molinié, Georges (1992) : *Dictionnaire de rhétorique*. Paris : Le Livre de Poche.

Perelman, Chaïm / Olbrechts-Tyteca, Lucie (1988[1958]) : *Traité de l'argumentation. La nouvelle rhétorique*. 5è éd. Bruxelles : Éditions de l'Institut de Sociologie de l'Université Libre de Bruxelles.

Resche, Catherine (2006) : "Etude préliminaire du discours de présentation de la notion de marché dans les manuels d'introduction aux principes de l'économie." In : *ASp* 49-50, 93 – 118.

Samuelson, Paul Anthony (2005) : *Economics*. 18[th.] ed. New-York: Mc Graw-Hill.

Villette, Raoul (1997) : *Le marché des mots. Les mots du marché*. Paris : L'Insomniaque. [= Les Nuits Rouges].

Notices bio-bibliographiques

FIDA BARAKÉ est doctorante en sciences du langage à l'Université Paris Diderot (Paris 7). Domaines de recherche : terminologie, néologie et néologismes, traduction et traductologie, lexicologie et création lexicale. Elle est l'auteur d'un article sur la Finance islamique ainsi que de traductions en arabe de textes anglais et français. Contact : barake_fida@yahoo.com.

FAYZA EL QASEM est Professeur des Universités à l'Université Sorbonne Nouvelle (Paris III) et membre des équipes de recherche ICAR (Interactions, Corpus, Apprentissages, Représentations, UMR 5191 CNRS – Université Lyon II – ENS Lyon – IFE) et Syled (EA 2290, Fédération Clesthia). Domaines de recherche : langue de spécialité, traduction spécialisée et traductologie. Elle est l'auteur d'un grand nombre d'articles, de plusieurs traductions vers l'arabe ainsi que d'une monographie à paraître sous le titre *La traduction des discours spécialisés : le cas de la traduction des textes économiques et financiers vers l'arabe*. Contact : f.elqasem@hotmail.fr.

LAURENT GAUTIER est Maître de Conférences habilité à diriger des recherches en linguistique allemande à l'Université de Bourgogne et membre des équipes de recherche Centre Interlangues Texte Image Langage (EA 4182 – Dijon) et CoVariUs (UMS 3323 – Paris-Sorbonne). Domaines de recherche : linguistique des discours spécialisés, linguistique cognitive, analyse de discours. Il a publié une trentaine d'articles en français et en allemand, co-édité six volumes et numéros de revue et est l'auteur d'une monographie à paraître aux Editions Peter Lang *Le terme et son environnement : Etudes de terminologie et de phraséologie contrastive français-allemand* ainsi que d'une introduction à la sémantique des scénarios (*Frame-Semantik. Eine Einführung in Theorie und Praxis*) à paraître chez Stauffenburg. Contact : laurent.gautier@u-bourgogne.fr.

PASCALE JANOT est Docteur en sciences du langage des Universités Sorbonne Nouvelle (Paris III) et Brescia (Italie). Domaines de recherche : linguistique (analyse du discours de vulgarisation scientifique, analyse du discours de vulgarisation économique) et traductologie (traduction littéraire italien-français et traduction spécialisée [marché du café ; sciences humaines]). Elle est l'auteur de plusieurs articles sur les discours médiatiques français et italiens ainsi que d'une traduction de l'italien. Contact : p.janot@units.it.

PIERRE LEJEUNE est enseignant-chercheur à la Faculté des Lettres de l'Université de Lisbonne et au Centre de Linguistique de l'Université Nouvelle de Lisbonne. Domaines de recherche : sémantique énonciative, marqueurs discursifs dans les langues romanes, analyse des discours économiques. Il est l'auteur d'une monographie parue en 2005 aux Editions Lambert-Lucas sous le titre *Discours d'experts en économie* ainsi que de plusieurs articles touchant à des questions grammaticales et énonciatives. Contact : lejeunepierre@hotmail.com.

JOHANNA MIECZNIKOWSKI est Maître de Conférences habilitée à diriger des recherches à l'Institut d'Etudes Italiennes de l'Université de la Suisse Italienne (Lugano). Domaines de recherche : plurilinguisme, argumentation, analyse conversationnelle. Elle est l'auteur de nombreux articles et de deux monographies intitulées *Le traitement de problèmes lexicaux lors de discussions scientifiques en situation plurilingue. Procédés interactionnels et effets sur le développement du savoir* (Berne, 2005) et *Modalität und Gesprächsorganisation. Eine korpusgestützte Studie zum Konditional im gesprochenen Französisch und Italienisch* (Thèse d'HDR, Bâle, 2009).
Contact : johanna.miecznikowskifuenfschilling@usi.ch.

SILVIA MODENA est doctorante en linguistique française aux Universités de Brescia (Italie) et Paris-Est Créteil, au sein du laboratoire Céditec. Domaines de recherche : analyse du discours politique et économique, argumentation, énonciation. Elle est l'auteur d'articles consacrés à l'analyse linguistique du discours politique et particulièrement du discours autour de l'Euro. Contact : silvia.modena3@unibo.it.

CAMILLA PALMIERI est titulaire d'un *bachelor* en sciences de la communication, d'un master en communication financière et est doctorante à l'Université de la Suisse Italienne (Lugano). Elle conduit sa recherche dans le cadre d'Argupolis, un programme doctoral financé par le Fonds National Suisse portant sur les pratiques argumentatives dans différents contextes sociaux. Elle a publié une recension d'un collectif édité par Frans van Eemeren et Bart Garssen. Contact : camilla.palmieri@usi.ch.

NOTICES BIO-BIBLIOGRAPHIQUES

RUDI PALMIERI est titulaire d'un *bachelor* en sciences de la communication et d'un master en économie et communication. Il est Docteur de l'Université de la Suisse Italienne (Lugano) avec une thèse sur l'argumentation dans le discours des entreprises lors d'une offre publique d'achat (2010). Domaines de recherche : analyse du discours de l'économie et de la finance, pratiques argumentatives dans différentes activités du secteur financier. Il est l'auteur, seul ou avec Andrea Rocci et Eddo Rigotti, de plusieurs articles publiés dans des revues comme *Studies in Communication Sciences* ou *Communication Director*. Contact : rudi.palmieri@usi.ch.

ANDREA ROCCI est Professeur des Universités à la Faculté des Sciences de la Communication de l'Université de la Suisse Italienne (Lugano). Domaines de recherche : (théorie de l')argumentation, analyse des discours économiques et financiers, sciences de la communication et de l'information. Il est l'auteur d'un grand nombre d'articles sur ces sujets publiés dans des revues comme *Intercultural Pragmatics, Studies in Communication Sciences, L'analisi linguistica e letteraria* et d'une monographie intitulée *La modalità epistemica tra semantica e argomentazione* (Milan, 2005). Contact : andrea.rocci@usi.ch.

MICHEL VAN DER YEUGHT est Professeur des Universités à Aix-Marseille Université. Domaines de recherche : anglais financier (bourse, comptabilité, histoire et technique des marchés financiers américains, civilisation américaine). Il est l'auteur d'un grand nombre d'articles sur ces questions, rédacteur en chef de la revue *Asp* et a publié deux monographies : *Une histoire de Wall Street* (Paris, 2009) et *Initiation à l'anglais financier et à la finance anglo-saxonne* (Paris, 2002). Contact : michel.vanderyeught@univ-provence.fr.

PHILIPPE VERRONNEAU est Maître de Conférences en linguistique allemande à l'Université de Bourgogne et membre du Centre Interlangues Texte Image Langage (EA 4182). Domaines de recherche : modes et modalité, discours indirect et langues de spécialité (économie, droit). Il est l'auteur de deux articles abordant la question du subjonctif et du discours indirect chez Luther et, plus récemment, autour de problématiques en lien avec les discours spécialisés. Contact : philippe.verronneau@u-bourgogne.fr.

GERGANA ZLATKOVA est doctorante à l'Université de la Suisse Italienne (Lugano) où elle prépare sous la direction de Andrea Rocci une thèse intiulée *A study of argumentation evidentiality and polyphony in Italian economic-financial news*. Contact : gergana.zlatkova@usi.ch.

FORUM FÜR FACHSPRACHEN-FORSCHUNG

Die Bd. 1 bis 77 sind im Verlag Gunter Narr erschienen.

Bd. 78 Hartwig Kalverkämper: Textsortengeschichte und Fächertradition. Systeme im Wandel zwischen französischer Klassik und Aufklärung (1650–1750). ISBN 978-3-86596-175-4

Bd. 79 Jin Zhao: Interkulturalität von Textsortenkonventionen. Vergleich deutscher und chinesischer Kulturstile: Imagebroschüren. 392 Seiten. ISBN 978-3-86596-169-3

Bd. 80 Hartwig Kalverkämper/Klaus-Dieter Baumann (Hg.): Fachtextsorten – in – Vernetzung. 486 Seiten. ISBN 978-3-86596-160-0

Bd. 81 Henrike Täuscher: Fachlichkeit in der Werbung für Laien. Deutsche und französische Anzeigen im Vergleich. 262 Seiten. ISBN 978-3-86596-162-4

Bd. 82 Tim Peters: Macht im Kommunikationsgefälle: der Arzt und sein Patient. 212 Seiten. ISBN 978-3-86596-181-5

Bd. 83 Hans P. Krings/Felix Mayer (Hg.): Sprachenvielfalt im Kontext von Fachkommunikation, Übersetzung und Fremdsprachenunterricht. Für Reiner Arntz zum 65. Geburtstag. 530 Seiten. ISBN 978-3-86596-192-1

Bd. 84 Encarnación Tabares Plasencia/Vessela Ivanova/Elke Krüger (Eds.): Análisis lingüístico contrastivo de textos especializados en español y alemán. 258 Seiten. ISBN 978-3-86596-190-7

Bd. 85 Nancy Hadlich: Analyse evidenter Anglizismen in Psychiatrie und Logistik. 458 Seiten. ISBN 978-3-86596-380-2

Bd. 86 Eva Martha Eckkrammer (Ed.): La comparación en los lenguajes de especialidad. 302 Seiten. ISBN 978-3-86596-216-4

Bd. 87 Maria Mushchinina: Rechtsterminologie – ein Beschreibungsmodell. Das russische Recht des geistigen Eigentums. 396 Seiten. ISBN 978-3-86596-218-8

Bd. 88 Sylvia Reinart: Kulturspezifik in der Fachübersetzung. Die Bedeutung der Kulturkompetenz bei der Translation fachsprachlicher und fachbezogener Texte. 562 Seiten. ISBN 978-3-86596-235-5

Bd. 89 Radegundis Stolze: Fachübersetzen – Ein Lehrbuch für Theorie und Praxis. 3. Auflage. 420 Seiten. ISBN 978-3-86596-257-7

Bd. 90 Carmen Heine: Modell zur Produktion von Online-Hilfen. 318 Seiten. ISBN 978-3-86596-263-8

T Frank & Timme

FORUM FÜR FACHSPRACHEN-FORSCHUNG

Bd. 91   Brigitte Horn-Helf: Konventionen technischer Kommunikation: Makro- und mikrokulturelle Kontraste in Anleitungen. 614 Seiten mit CD. ISBN 978-3-86596-233-1

Bd. 92   Marina Adams: Wandel im Fach. Historiographie von DaF als Fachsprachen-Disziplin in der DDR. 460 Seiten. ISBN 978-3-86596-269-0

Bd. 93   Carsten Sinner: Wissenschaftliches Schreiben in Portugal zum Ende des *Antigo Regime* (1779–1821). Die Memórias económicas der Academia das Ciências de Lisboa. 714 Seiten. ISBN 978-3-86596-277-5

Bd. 94   Laurent Gautier (éd.): Les discours de la bourse et de la finance. 186 Seiten. ISBN 978-3-86596-302-4

Bd. 96   Julia Neu: Mündliche Fachtexte der französischen Rechtssprache. 294 Seiten. ISBN 978-3-86596-351-2

Bd. 97   Mehmet Tahir Öncü: Probleme interkultureller Kommunikation bei Gerichtsverhandlungen mit Türken und Deutschen. 168 Seiten. ISBN 978-3-86596-387-1

Bd. 98/99 Klaus-Dieter Baumann (Hg.): Fach – Translat – Kultur. Interdisziplinäre Aspekte der vernetzten Vielfalt. 2 Bände im Schuber, zus. 1562 Seiten. ISBN 978-3-86596-209-6

Bd. 100 Hartwig Kalverkämper (Hg.): Fachkommunikation im Fokus – Paradigmen, Positionen, Perspektiven. 1040 Seiten. ISBN 978-3-7329-0214-9

Bd. 102 Anastasiya Kornetzki: Contrastive Analysis of News Text Types in Russian, British and American Business Online and Print Media. 378 Seiten. ISBN 978-3-86596-420-5

Bd. 103 Ingrid Simonnæs: Rechtskommunikation national und international im Spannungsfeld von Hermeneutik, Kognition und Pragmatik. 304 Seiten. ISBN 978-3-86596-427-4

Bd. 104 Svenja Dufferain: Tyronyme – zur strategischen Wortbildung französischer Käsemarkennamen. 140 Seiten. ISBN 978-3-86596-428-1

Bd. 105 Laurent Gautier (éd.): Figement et discours spécialisés. 158 Seiten. ISBN 978-3-86596-413-7

Bd. 106/107 Eva Martha Eckkrammer: Medizin für den Laien: Vom Pesttraktat zum digitalen Ratgebertext. 2 Bände im Schuber, zus. 1328 Seiten. ISBN 978-3-86596-312-3

Bd. 108 Lucia Udvari: Einführung in die Technik der Rechtsübersetzung vom Italienischen ins Deutsche. Ein Arbeitsbuch mit interdisziplinärem Ansatz. 316 Seiten. ISBN 978-3-86596-516-5

Frank & Timme

FORUM FÜR FACHSPRACHEN-FORSCHUNG

Bd. 109 Mehmet Tahir Öncü: Kulturspezifische Aspekte in technischen Texten. Eine Analyse deutsch- und türkischsprachiger Gebrauchsanleitungen. 212 Seiten. ISBN 978-3-86596-517-2

Bd. 110 Cornelia Griebel: Rechtsübersetzung und Rechtswissen. Kognitionstranslatologische Überlegungen und empirische Untersuchung des Übersetzungsprozesses. 432 Seiten. ISBN 978-3-86596-534-9

Bd. 111 Laura Sergo/Ursula Wienen/Vahram Atayan (Hg.): Fachsprache(n) in der Romania. Entwicklung, Verwendung, Übersetzung. 458 Seiten. ISBN 978-3-86596-404-5

Bd. 112 Birte Möpert: Die Fachsprache des Tanzes. 218 Seiten. ISBN 978-3-7329-0012-1

Bd. 113 Marina Brambilla/Joachim Gerdes/Chiara Messina (Hg.): Diatopische Variation in der deutschen Rechtssprache. 382 Seiten. ISBN 978-3-86596-447-2

Bd. 114 Christiane Zehrer: Wissenskommunikation in der technischen Redaktion. Die situierte Gestaltung adäquater Kommunikation. 406 Seiten. ISBN 978-3-7329-0032-9

Bd. 115 Tanja Wissik: Terminologische Variation in der Rechts- und Verwaltungssprache. Deutschland – Österreich – Schweiz. 394 Seiten. ISBN 978-3-7329-0004-6

Bd. 116 Larissa Alexandrovna Manerko/Klaus-Dieter Baumann/Hartwig Kalverkämper (eds.): Terminology Science in Russia today. From the Past to the Future. 460 Seiten. ISBN 978-3-7329-0051-0

Bd. 117 Georg Löckinger: Übersetzungsorientierte Fachwörterbücher. Entwicklung und Erprobung eines innovativen Modells. 322 Seiten. ISBN 978-3-7329-0053-4

Bd. 118 Kerstin Petermann: Verbale und nonverbale Vagheit in englisch- und deutschsprachigen Interviews. 418 Seiten. ISBN 978-3-7329-0061-9

Bd. 119 Encarnación Tabares Plasencia (ed.): Fraseología jurídica contrastiva español–alemán/Kontrastive Fachphraseologie der spanischen und deutschen Rechtssprache. 148 Seiten. ISBN 978-3-86596-528-8

Bd. 120 Klaus-Dieter Baumann/Jan-Eric Dörr/Katja Klammer (Hg.): Fachstile – Systematische Ortung einer interdisziplinären Kategorie. 216 Seiten. ISBN 978-3-7329-0105-0

Bd. 121 Jenny Brumme/Carmen López Ferrero (eds.): La ciencia como diálogo entre teorías, textos y lenguas. 348 Seiten. ISBN 978-3-7329-0130-2

Bd. 122 Ingrid Simonnæs: Basiswissen deutsches Recht für Übersetzer. Mit Übersetzungsübungen und Verständnisfragen. 202 Seiten. ISBN 978-3-7329-0133-3

Frank & Timme

FORUM FÜR FACHSPRACHEN-FORSCHUNG

Bd. 123 Silke Friedrich: Deutsch- und englischsprachige Werbung. Textpragmatik, Medialität, Kulturspezifik. 142 Seiten. ISBN 978-3-7329-0152-4

Bd. 124 Bernhard Haidacher: Bargeldmetaphern im Französischen. Pragmatik, Sprachkultur und Metaphorik. 368 Seiten. ISBN 978-3-7329-0124-1

Bd. 125 Chiara Messina: Die österreichischen Wirtschaftssprachen. Terminologie und diatopische Variation. 384 Seiten. ISBN 978-3-7329-0113-5

Bd. 126 Raimund Drommel: Sprachprofiling – Grundlagen und Fallanalysen zur Forensischen Linguistik. 338 Seiten. ISBN 978-3-7329-0158-6

Bd. 127 Krzysztof Nycz/Klaus-Dieter Baumann/Hartwig Kalverkämper (Hg.): Fachsprachenforschung in Polen. 328 Seiten. ISBN 978-3-7329-0211-8

Bd. 128 Peter Kastberg: Kondensation und Expansion in Fachtexten der Technik. 160 Seiten. ISBN 978-3-7329-0221-7

Bd. 129 Anja Centeno García: Textarbeit in der geisteswissenschaftlichen Lehre. 360 Seiten. ISBN 978-3-7329-0196-8

Bd. 132 Maria Mushchinina: Sprachverwendung und Normvorstellung in der Fachkommunikation. 450 Seiten. ISBN 978-3-7329-0293-4

Bd. 133 Agnes Goldhahn: Tschechische und deutsche Wissenschaftssprache im Vergleich. Wissenschaftliche Artikel der Linguistik. 226 Seiten. ISBN 978-3-7329-0332-0

Bd. 134 Natalya Zalipyatskikh: Didaktik der technischen Fachkommunikation. Methodologien, Konzepte, Evaluationen. 422 Seiten mit CD. ISBN 978-3-7329-0344-3

Bd. 135 Katja Klammer: Denkstile in der Fachkommunikation der Technik- und Sozialwissenschaften. Fakten und Kontraste im Deutschen und Englischen. 438 Seiten. ISBN 978-3-7329-0355-9

Bd. 136 Fabian Fahlbusch: Unternehmensnamen. Entwicklung – Gestaltung – Wirkung – Verwendung. 322 Seiten. ISBN 978-3-7329-0202-6

Bd. 137 Sabrina Brandt: Anglizismen – Sprachwandel in deutschen und norwegischen Texten der Informationstechnologie. 140 Seiten. ISBN 978-3-7329-0385-6

Bd. 138 Sascha Bechmann (Hg.): Sprache und Medizin. Interdisziplinäre Beiträge zur medizinischen Sprache und Kommunikation. 498 Seiten. ISBN 978-3-7329-0372-6

Bd. 139 Anastasia Mikhailova-Tucholke: Der französische Fachwortschatz im Bereich Solarenergie: Wortbildung und Lexikographie. 232 Seiten. ISBN 978-3-7329-0400-6

Frank & Timme